주식 투자의 마법공식

한동훈의 주식 투잡 특강 (개정·증보판)
주식 투자의 마법 공식

개정판 5쇄 발행 | 2021년 4월 10일

지 은 이 | 한동훈
펴 낸 이 | 이성범
펴 낸 곳 | 도서출판 타래
책 임 편 집 | 정경숙
표지디자인 | 김인수
본문디자인 | 권정숙

주소 | 서울특별시 영등포구 양평로30길 14, 911호(세종앤까뮤스퀘어)
전화 | (02)2277-9684~5 / 팩스 | (02)323-9686
전자우편 | taraepub@nate.com
출판등록 | 제2012-000232호

ISBN 978-89-8250-124-1 (13320)

· 이 책은 저작권법에 의해 한국 내에서 보호를 받는 저작물이므로
  무단 전재와 무단 복제를 금합니다.
· 값은 뒤표지에 있습니다.
· 파본은 구입한 서점에서 교환해 드립니다.

한동훈의 주식 투잡 특강

주식 투자의 마법 공식

누구나 **쉽게 따라할 수 있는**
상위 1%의 주식 투자 비법

한동훈 지음

도서출판 **타래**

이 책을 읽기 전에

주식 투자에 성공하려면 남들과 다른 방법을 써라!

주식 투자에 어려움을 겪고 있는 투자자 분들께 강력한 무기를 드리고 싶다는 생각에서 이 책을 집필하게 되었다.

필자는 주식 시장에 뛰어들기 전에 백여 권의 주식 책을 읽었지만 큰 도움이 되지 않았다. 이유는 단 하나! 모두가 알고 있는 내용을 공부했기 때문이다.

필자는 20년간 수많은 데이터를 연구하면서 주식 투자 공식을 만들어냈고 그 공식을 통해서만 매매한 결과 5,000%라는 수익을 올릴 수 있었다.

그런데 많은 투자자들이 주식 시장에서 실패하는 이유는 무엇일까?

수익은 적고 손실은 커지는 소득대실(小得大失)이 지속되기 때문이다. 자라나는 싹은 잎만 보고 잘라버리고, 암은 설마설마 하다가 조기에 잘라내지 못하고 온몸에 전이될 때까지 방치했기 때문이다. 자라나는 싹은 열매가 될 때까지 기다려야 하고, 암은 조기에 발견해서 잘라내야만 한다.

이 책은 소득대실이 아닌 소실대득(小失大得)의 투자자가 되는 방법을 알려주는 책이다. 이 책을 몇 번만 정독한다면 당신도 성공 투자자가 될 수 있다.

전쟁을 할 때 무조건 승리한다는 보장이 없듯이 주식 시장에서도 무조건적인 승리는 절대로 있을 수 없다. 공격을 할 때는 항상 작전 실패에 대비한 플랜 B를 설정해 두어야 하는데, 바로 손절이다. 주식을 매수할 때는 반드시 플랜 B인 손절가부터 설정하고 매수를 해야 한다.

주식은 종목이 중요한 것이 아니라 전략이 중요한데 많은 투자자들이 종목에 대한 정보만을 얻으려고 한다. 그것은 정말 잘못된 매매 방식이다. 대부분의 투자자들이 이 때문에 주식 시장에서 뼈저린 아픔을 맛보게 된다.

같은 종목이라도 매매시점에 따라 누구는 크게 수익을 내고 누구는 손해를 본다. 1만 원 하던 주식이 10만 원까지 상승한다면 10만 원 이하에서 매수한 투자자는 수익이 나겠지만 10만 원에 매수한 사람은 큰 손실이 발생한다. 주가가 상승하는 동안에는 나쁜 내용보다는 좋은 내용이 주를 이루기 때문에 투자자들은 주가가 오를 때 고점 매수에 가담하게 된다. 따라서 주식은 종목이 중요한 것이 아니라 언제 매수하느냐가 중요하다는 것을 반드시 기억해야 한다.

주식 시장은 누구에게나 공평한 자유경제의 꽃이다. 그러나 위기와 기회가 공존하는 곳으로, 누군가에게는 인생역전의 기회를 제공하지만, 평범하고 부유했던 누군가의 삶을 어렵게 만들기도 한다.
주식 시장에서는 수익을 올리는 사람이 있는 만큼 손실을 기록하는 사람이 발생하게 된다. 주식 시장은 대체로 거대 세력들이 수익을 올리는 시장이지만 상위 10%의 개인 투자자들이 오히려 그들보다 더 큰 수익을 올리는 곳이기도 하다. 그래서 불공평해 보이지만 공평한 시장이라 할 수 있는 것이다.

필자는 십수 년간 투자 전문가로 활동하면서 정말 많은 분들이 주식 시장에서 어려움에 빠진 것을 보았다. 어떤 분은 결혼자금을, 어떤 분은 퇴직연금을 투자해서 큰 낭패를 본다. 매스컴에서는 주식 투자로 인해 삶 자체가 바뀐 실패한 투자자들이 보도되기도 한다.

주식 시장은 보이지 않는 곳에서 많은 사람들이 참여해 돈을 가지고 싸우는 전쟁터다. 전략 없이 덤비면 백전백패하고 실패자가 되고 마는 것이다. 이런 전쟁터에 들어오면서 아무런 무기도 가지도 있지 않다면 첨단 무기를 보유한 적을 이길 수 있을까? 임진왜란 당시 이순신 장군이 적은 병력으로 대승을 거둘 수 있었던 것은 뛰어난 전략 때문이었다. 주식 또한 이런 전략만 있다면 평생 동안 수익을 안겨 주는 인생 최고의 재테크 수단이 될 수 있다고 필자는 자신한다.

주식 시장에서의 승패는 철저히 매수와 매도의 타이밍에 의해 좌우되며, 심리적으로 이길 수 있는 전쟁을 하는 사람이 이길 수밖에 없다. 주식 시장의 이순신 장군이 된다면 당신의 계좌는 평생 동안 증가하게 될 것이며, 1억이 10억이 되는 것이 절대로 불가능할 일이 아니다.

수많은 거대 세력들이 주식 시장에서 약자의 돈을 뺏기 위해 혈안이 되어 있다. 아무런 준비 없이 덤볐다가는 어렵고 힘들게 모은 당신의 소중한 재산을 보이지 않는 적들에게 빼앗기고 말 것이다.

당신이 그 돈을 벌기 위해 얼마나 많은 피땀을 흘렸는가를 먼저 생각해 보고 주식 시장을 찾기 바라며, 지금부터 필자와 함께 주식투자의 마법공식에 대해 알아보자.

차 례

|이 책을 읽기 전에|

주식 투자에 성공하려면 남들과 다른 방법을 써라!

|Chapter 1|

주식 투자, 이것만 알면 된다

1. 1000% 급등주는 이렇게 탄생한다.	14
2. 캔들차트 읽기	28
3. 매수 신호의 핵심 캔들	31
4. 이동평균선의 숨은 원리	40
5. 추세선과 진폭에 대한 이해	45
6. 주가의 생애 주기는 필수 중에 필수	55
알돈주깨 1 알아두면 돈이 되는 주식 투자의 깨알 팁　신규 상장주 매매 방법	58

|Chapter 2|

돈 버는 주식을 고르는 방법

1. 초보자도 쉽게 따라할 수 있는 기업의 적정 가치 산정법 ... 66
2. IFRS를 적용한 적정가 판단 방법 ... 72
3. 테마주의 끝을 판단하는 방법 ... 75
4. 트렌드로 초대형 상승주를 잡는 방법 ... 78
5. 대세 상승장과 하락장 종목 선정법 ... 85
6. 시장 주체별 주도주 선별 공식 ... 88
7. 재고자산만 잘 봐도 돈이 보인다 ... 92
8. 산업사이클을 이용한 주도주 잡는 법 ... 98
9. 저PER주 공략법 ... 107
10. 상폐기업 사전에 피하는 공식 ... 111

➤ 알돈주깨 2 **알**아두면 **돈**이 되는 **주**식 투자의 **깨**알 팁

아주 간단한 주식 매수 기법 ... 116

|Chapter 3|
내가 사면 저점이 되는 마법 공식

1. 헌법선을 이용한 최저점 매수 공식   120

2. 1타 5O피 기법으로 최저점에 매수하는 공식   128

3. 하락11법칙을 이용한 최저점 매수 공식   135

4. 역헤드앤쇼울드를 이용한 최저점 매수 공식   141

5. 이중바닥의 상승 공식   145

6. 신고가 돌파 급등주 매수 공식   148

7. 상승 삼각형 상승 공식   155

알돈주깨 3 알아두면 **돈이** 되는 주식 투자의 **깨알** 팁

신용, 미수매매에서 실패하는 이유   159

|Chapter 4|

내가 팔면 고점이 되는 마법 공식

1. 헌법선을 이용한 고점 매도 공식 ... 164
2. 상승 11법칙을 이용한 최고점 매도 공식 ... 171
3. 헤드앤쇼울드의 공식으로 폭락을 피하는 공식 ... 177
4. 이중 천정의 하락 공식 ... 181
5. 하락 삼각형 공식 ... 184
6. 삼각 수렴형 공식 ... 189

알돈주깨 4 알아두면 돈이 되는 주식 투자의 깨알 팁
과열권 종목은 끝까지 간다. 물려도 주도주에서 물려라! ... 197

|Chapter 5|

한동훈의 급등주 필살기 공개

1. 20일 포복기법 ... 202
2. 급등주의 조건과 매수 시점 ... 205
3. 손절라인 붕괴시 손절하는 방법 ... 207
4. 매수 금지 종목을 보는 방법 ... 210
5. 20일선 각도로 급락주 피하기 ... 212
6. 매수 급소가 나와도 매수해서는 안될 종목 ... 220
7. 세력의 흔들기를 이용한 급등주 포착법 ... 237

알돈주께 5 **알**아두면 **돈**이 되는 주식 투자의 **깨**알 팁
폭락 투매장에서 인생역전의 기회가 온다 ... 250

|연습용 차트 정답| ... 252
|마치며| ... 257

Chapter 01

주식 투자, 이것만 알면 된다

모든 생물에 생애주기가 있듯이 주가에도 생애주기라는 것이 있다. 주가의 생애주기만 알아도 저점 매수와 고점 매도를 할 수 있고, 하락하는 종목의 매수를 피할 수 있다.

1. 1000% 급등주는 이렇게 탄생한다

1000% 상승은 누구에게나 꿈같은 이야기일 것이다. 실제 주식시장에서는 1000% 상승하는 종목은 많이 탄생하지만 그 1000% 수익을 다 내 것으로 만들 수는 없다. 하지만 1000% 상승하는 종목을 사야 그래도 100%든, 200%든 수익을 낼 수 있다는 것을 알아야 한다.

1000% 급등주가 어떤 상황에서 탄생하는지 과거의 데이터를 통해 알아둔다면 그런 종목을 잡을 수 있는 확률을 훨씬 더 높일 수 있을 것이다.

과거 1000% 급등했던 종목들의 공통점 7가지를 알아본다.

1) 산업사이클상의 성장 초기에 진입한 산업의 종목

이 책 2장의 8에는 산업사이클을 이용한 주식 선정법이 기술되어 있다.

신기술에 대한 막연한 기대감이 작용하는 도입기를 지나 상용화 초기에 진입하는 산업과 관계된 종목에서 1000% 상승이 자주 발생했다.

신제품이 대중화 막바지에 진입하면 기업의 실적은 좋지만 주가는 상투를 형성하고 이미 하락 단계로 접어들게 되므로 대부분의 소비자들이 구매를 하는 성장 말기의 산업을 매수하면 엄청난 손실을 보게 된다.

과거 AMOLED 관련주인 인터플렉스가 1000% 이상 상승했고 5G통신이 성장 초기에 진입하면서 케이엠더블유라는 종목이 1000% 이상 급등하는 모습을 보였다.

전기차 역시도 10년 전 도입기를 지나 성장 초기에 진입하면서 엘앤에프와 같은 종목들이 1000% 이상 상승했다.

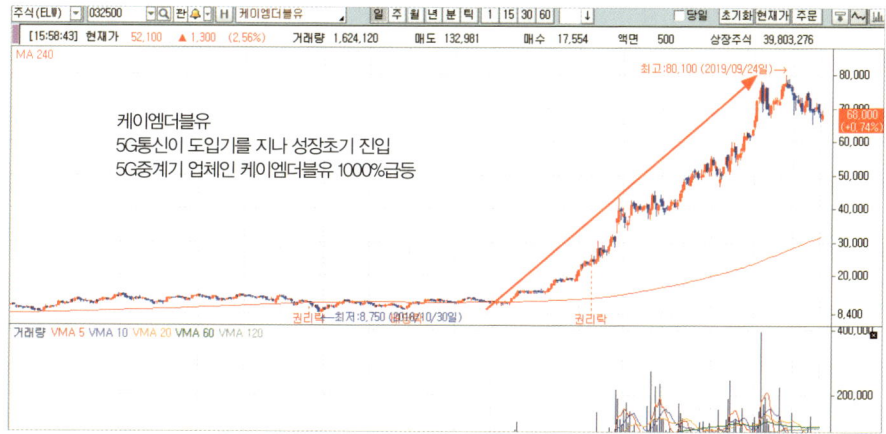

* 그림 1-1

* 그림 1-2

폴더블폰도 도입기를 지나 성장 초기 진입

폴더블폰 기술도 이미 7년여 전에 신기술이 개발되며 도입기가 있었고 2019년에 들어서면서 성장 초기에 진입했다. 폴더블폰이 초기에 판매될 때 고가 정책과 한정 판매 정책으로 얼리 어덥터들을 타깃으로 고수익 판매가 시작되고 이후 가격이 낮아지면서 본격적인 상용화로 들어가게 된다. 이렇게 꿈의 신기술이 도입기를 지나 우리의 일상으로 들어오는 초기의 종목들에서 1000% 상승이 발생하게 된다.

폴더블폰 힌지를 삼성에 독점 공급하는 KH바텍의 경우 폴더블폰 상용화가 시작되면서 6000원대의 주가가 20000원대까지 단기간에 급등하는 모습을 보이기도 했다.

하나 주의해야 할 점은 성장 초기의 산업은 단기간에 급등하지 않고 1~2년 이상의 상승 기간이 필요하다는 점이다. 급등할 때 추격매수가 아닌 충분한 가격 조정을 받을 때 매수해야 수익이 가능하다.

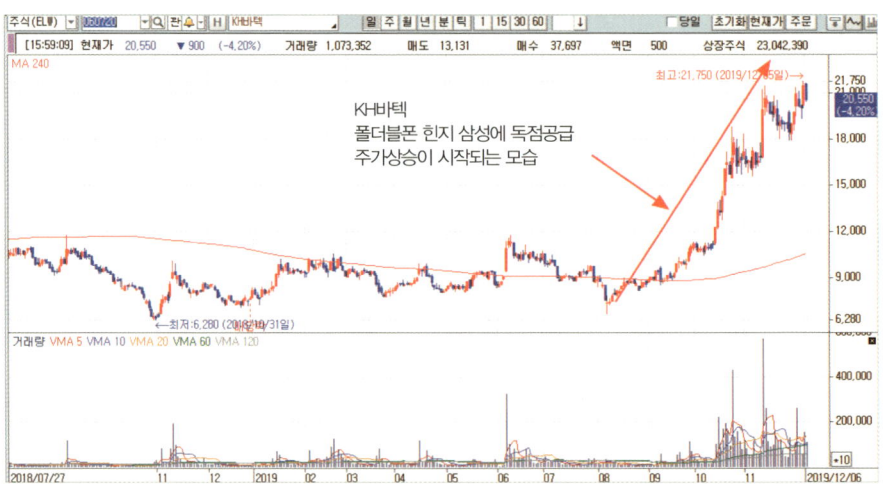

* 그림 1-3

수소차 역시도 도입기를 지나 성장 초기에 진입한 산업으로 볼 수 있다. 수소차는 정치적인 이슈가 있긴 하나 상용화 초기 단계임은 분명하다.

AMOLED는 성장 1기를 거쳐 성장2기에 진입하는 산업이다. 2005년 도입기를 지나 2009년 스마트폰에 적용되면서 1차 성장기가 기록했고 장기간 잠복기를 지나 이제 2차 성장기에 진입하고 있다. AMOLED의 2차 성장기는 대면적화와 폴더블로 볼 수 있다.

2) 주가는 장기적인 바닥이어야 한다.

이미 주가가 바닥에서 수백 %씩 상승한 종목에서 1000% 상승은 나올 수 없다.

오랜 기간 바닥을 다져놓은 상승 초기에 매수해야 1000% 상승을 기대해 볼 수 있다.

이미 시장에서 떠들썩하면서 급등한 종목들에서 그런 급등주를 기대하는 것은 말이 되지 않는다.

아래 종목은 신라젠의 차트다.

신라젠은 면역세포치료제 임상 3상이라는 기대감이 작용하면서 1만 원대의 주가가 15만 원까지 상승하였다. 최저점에서 보면 1500%의 상승률이지만 이미 급등했던 5만 원대에 매수했다면 300% 상승률밖에 되지 않는 것이다.

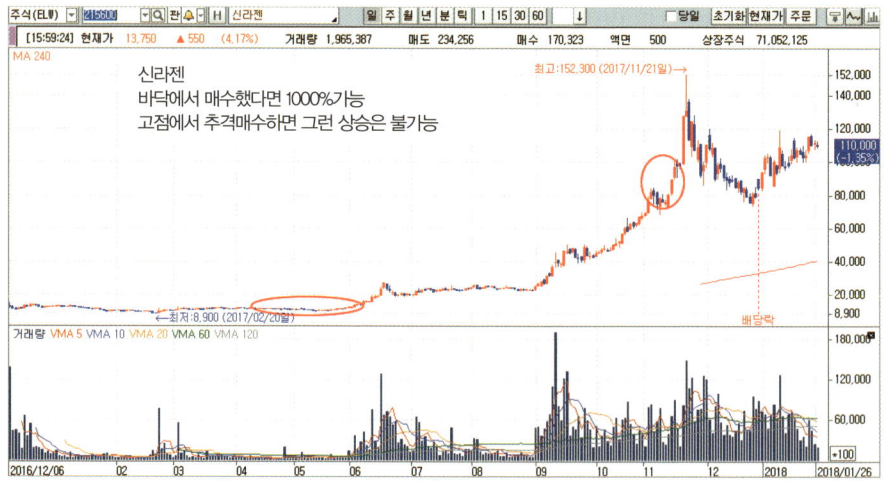

* 그림 1-4

3) 실적이 적자에서 턴어라운드될 때 탄생한다.

많은 투자자 분은 흑자 기업을 선호하지만 이미 실적이 좋은 기업에서 1000%씩 급등이 발생하는 경우는 거의 없었다.

산업사이클상 도입기를 지나 잠복기에 진입한 기업들의 실적이 과연 좋을까?

투자를 하는 단계이므로 실적이 좋을 수가 없는데 이런 투자 기간이 끝나고 본격 상용화에 진입하게 되면 적자 기업이 흑자 기업으로 턴어라운드가 발생하게 되며 이때 초장기 상승과 함께 급등이 발생하게 된다.

아래 그림은 케이엠더블유의 실적표다.

수년간 영업이익이 적자를 기록했는데 이때가 바로 기술 개발에 투자가 진행되면서 실적이 악화되는 시점이다. 그 후 본격 상용화에 진입하면서 급격한 턴어라운드와 함께 주가 급등이 발생했다.

5G통신은 2018년 동계올림픽에서 세계 최초로 시현되었고 대부분의 투

자자들은 2019년부터 본격적으로 상용화된다는 것을 알고 있었다. 그렇다면 2018년부터 매수해서 투자가 본격화되는 2019년, 2020년까지 기다려야 하는 것이다.

당시 실적이 좋지 않아도 성장기로 진입하는 게 보인다면 그때가 매수 적기다.

* 그림 1-5

과거 OLED 관련주인 인터플렉스는 FPCB 전문 제조 기업으로 삼성과 아이폰에 공급하는 업체로 실적도 한때 적자를 기록했지만 애플과 삼성의 투자가 확대되면서 주가가 본격적으로 상승한 바 있다.

기업 실적이 좋아지고 나서는 오히려 주가가 급락하는 현상이 발생했는데 폴더블폰이 상용화 되면서 다시 흑자로 전환되고 있다. 이런 게 바로 턴어라운드이며 주가가 바닥권에 있다면 충분히 공략해볼 만하다.

* 그림 1-6

4) 장비와 소재주에서 탄생한다.

　필자의 경험으로 볼 때 솔루션 전문 기업이나 소프트웨어 전문 기업에서 1000% 상승하는 종목은 거의 없었다. 왜? 그럴까? 진입 장벽이 낮기 때문이다. 유통 쪽에서도 그런 급등주는 탄생하지 않았다.

　산업사이클로 1000%씩 급등이 발생했던 기업들 대부분은 장비이거나 소재주라는 공통점을 가지고 있었다. 과거 반도체가 치킨게임에서 승리하면서 모바일 D램 성장과 함께 삼성의 대규모 투자가 발생할 때 1000%씩 상승했던 기업들은 대부분 이오테크닉스와 같은 장비주이거나 SK머티리얼즈와 같은 소재주였다.

　하나 기억해야 할 점은 장치산업의 대규모 투자가 시작되는 경우 장비주가 먼저 급등하고 공장 증설이 완료되는 시점이 임박할 때 소재주가 급등한다는 것이다.

아래 차트는 이오테크닉스의 차트다.

이오테크닉스는 레이저를 이용하여 반도체, PCB, Display, 휴대폰 산업의 주요 생산 장비를 제조하여 국내외로 공급하는 기업으로 대표적인 반도체 장비 업체다.

삼성과 하이닉스가 증설을 하는 초기에 주가가 가파르게 상승했다.

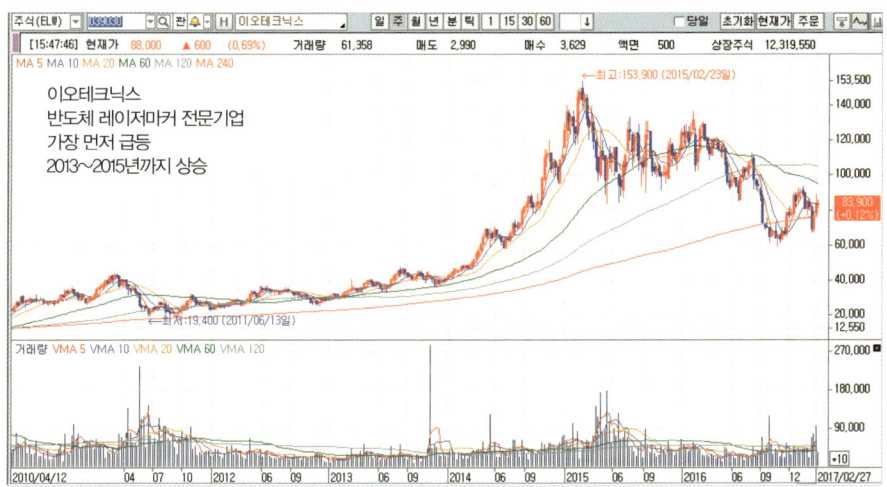

* 그림 1-7

아래 차트는 SK머티리얼즈의 차트다.

반도체, 디스플레이 패널 제조 과정에 사용되는 특수가스 제조 사업과 산소, 질소, 알곤 등을 생산하는 산업가스 제조 사업을 하고 있는 기업으로 삼불화질소. 모노실란 등이 주력 상품이다.

반도체 소재는 장비가 투입되고 난 후 본격적인 실적 성장이 발생하게 된다.

케이엠더블유는 5G통신 장비 업체였고 일진먼티리얼즈, 엘앤에프, 에코프로, 포스코케미칼은 2차전지 소재 업체였으며, 인터플렉스와 비에이치는 FPCB라는 소재 업체였다.

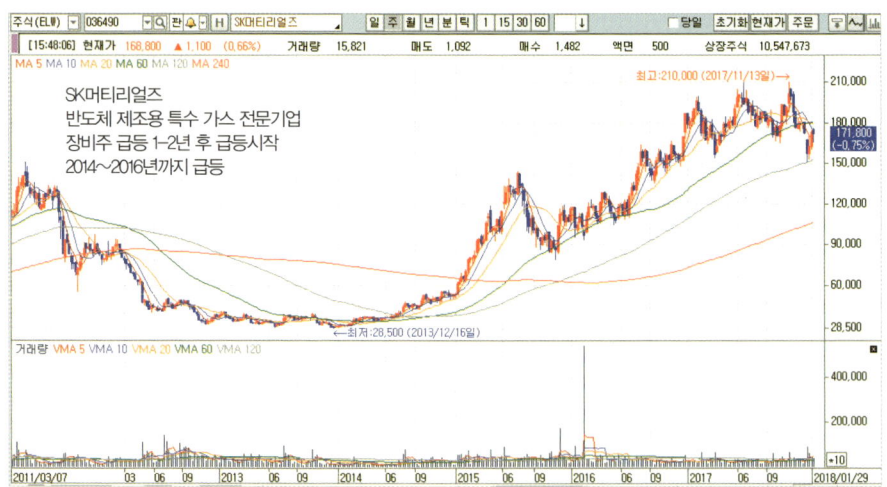

* 그림 1-8

5) 시장지배력이 강한 기업이어야 한다.

삼성과 관련된 사업을 하고는 있지만 매출 비중도 크지 않고 시장지배력이 강하지 않은 기업이라면 주도주가 될 수 없다. 시장 지배력이 높고 매출 비중이 높은 기업에서 슈퍼사이클과 함께 1000%씩 상승하는 모습이 발생했다.

반도체 장비 업체에서 시장지배력이 높은 기업은 이오테크닉스, 고영 등이고 소재에서는 SK머티리얼즈와 티씨케이 등이 시장지배력이 높은 기업이다.

FPCB는 인터플렉스와 비에이치는 시장지배력이 강한 반면 뉴프렉스는 시장지배력이 높지 않다. 만약 폴더블폰과 함께 FPCB시장이 확대된다면 시장지배력이 강한 인터플렉스와 비에이치 위주로 접근하는 게 바람직하다.

시장점유율이 낮은 기업은 후발주일 뿐이며 후발주들의 상승은 평균 300% 이상 상승이 나타나기는 어렵다.

6) 투자가 확대되는 섹터를 노려야 한다.

중국경제가 잘 나가던 시기도 있었는데 바로 2009년부터 대규모 경기부양을 시작할 때였다. 그 당시 화학 등의 산업에 대규모로 투자되었고 대규모 증설도 진행되었다.

중국의 투자가 확대되면서 중간재를 생산했던 화학, 철강업종들이 1000%씩 상승했다.

전기차 관련주도 LG화학, 삼성SDI, SK이노베이션 등이 대규모 투자를 확대하는 초기 단계에 급등했고 OLED 관련주 역시도 2017년 애플이 OLED를 탑재하면서 삼성이 OLED에 대규모 투자를 단행하자 제이스텍과 같은 종목들의 주가는 1000% 이상 급등했다.

5G 관련주인 케이엠더블유 역시도 투자가 확대되는 시점에서 급등한 바 있으며 이미 실적이 좋아진 이후 주가는 하락하는 모습을 보였다.

아래 차트는 제이스텍의 주봉차트

제이스텍은 OLED 본딩 장비와 필름커팅, 글래스커팅 장비를 만드는 기업으로 삼성의 투자가 확대되면서 1000억의 영업이익을 달성했던 기업이다.

IFRS(연결)	2016/12	2017/12
매출액	1,508	5,708
매출원가	1,226	4,508
매출총이익	282	1,200
판매비와관리비	112	194
영업이익	170	1,006

* 그림 1-9

투자가 확대되면서 장비 매출이 급증하게 되었고 1500억에 불과하던 매출액이 5700억까지 급증했으며, 영업이익은 1000억을 돌파했다.

주가는 이를 선 반영하면서 2000원대였던 주가가 3만 원 가까이 급등한 바 있다.

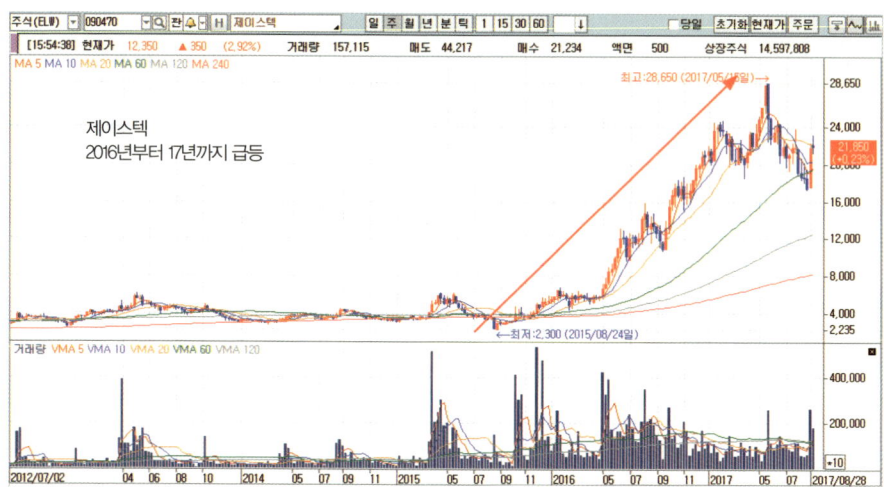

* 그림 1-10

주의할 점

장비 업체의 특성상 한 번 수주가 급증하면 2년 이후 수주가 급감하게 되므로 실적이 폭증한 이후에 매수하는 것은 위험하다(장비는 한 번 발주하면 2~3년간 추가발주가 감소하는 경우가 많다.).

향후 한국에서 투자가 확대되는 산업이 무엇일까? 항상 이를 연구해야 한다.

수소차도 투자가 확대되고 있고 OLED도 폴더블폰과 QD-OLED 투자가 진행되고 있다.

비메모리 역시도 정부와 삼성의 투자가 확대되는 섹터이기도 하다.

7) 시가총액 2000억 이하에서 자주 탄생한다.

시가총액이 1조인 기업에서 1000% 상승이 발생하면 시가총액 100조 원이 되는데 이런 기업이 탄생하기란 사실상 불가능에 가깝겠죠?(삼성전자에 이어 시가총액 2위인 SK하이닉스의 시가총액이 50조 원이다.)

과거 데이터를 통해 볼 때 1000%씩 급등했던 종목들의 바닥 구간에서의 시가총액은 대부분 1000~2000억이이었다. 시가총액이 너무 낮은 기업들은 시장지배력이 떨어지는 기업이기에 초장기 상승이 발생하는 경우는 많지 않았다(바이오 제외).

2차전지의 핵심 소재주 포스코케미칼도 급등 전 바닥에서의 시가총액은 3000억이 되지 못했고 1000% 상승하면서 시가총액이 3조 원을 돌파하게 되었다.

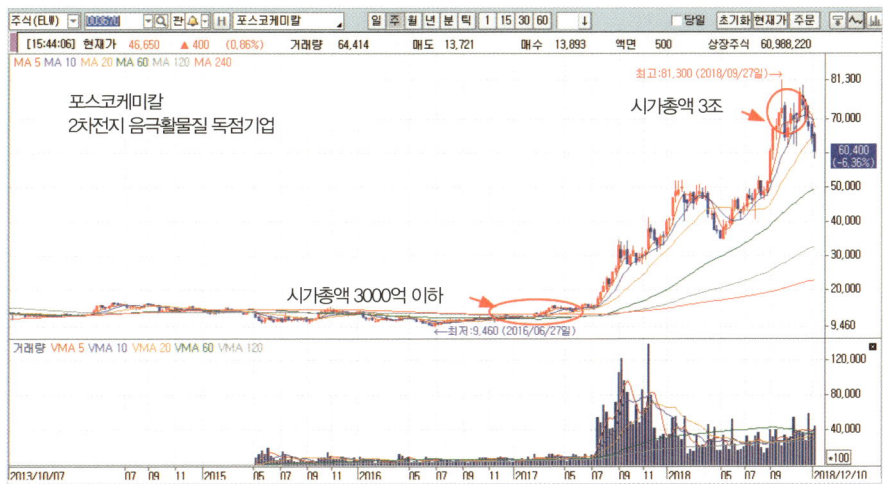

* 그림 1-11

마지막으로 장기투자를 할 때 이런 수익이 가능하다는 점을 얘기할 수 있다.

1000%씩 상승하는 기업들은 절대 1~2개월 만에 상승한 것이 아니라 2~3년 간 장기 상승 파동이 발생하면서 상승한 것이므로 단기 투자로 이런 수익을 노린 다는 것은 말이 되지 않는다.

추가적으로 위에서 언급한 7가지 조건과 관계없이 1000% 급등하는 종목들 이 있는데 대표적인 것이 바로 '적정가를 산정하기 어려운 경우'였다.

대표적으로 바이오주가 있는데 바이오주는 신약의 가치를 산정하기 어려워 매수 세력의 타깃이 되는 경우가 많다. 적정가를 산정하기 어려우면 주가가 급등 하면 급등할수록 시장의 관심이 높아질 수밖에 없는 것이다. 그래서 바이오주는 글로벌 임상 2상에서 3상으로 진입하는 종목들에서 1000%씩 급등하는 경우가 많다.

신라젠, 에이치엘비, 헬릭스미스, 메지온 등이 3상 진입 후 10배 가까이 급등 했고 3상에 실패하면서 큰 폭으로 하락한 바 있다.

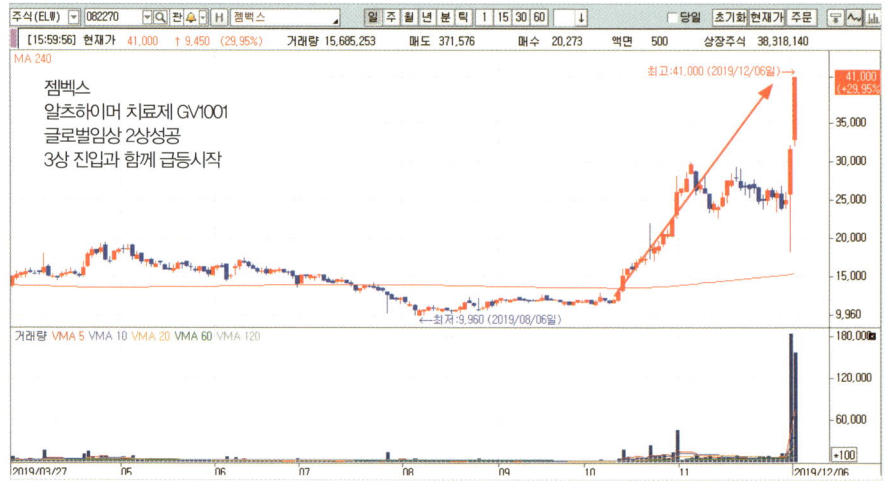

* 그림 1-12

젬벡스라는 기업은 알츠하이머 치료제 GV1001 임상 2상 끝나고 글로벌 대규모 임상 3상에 진입하면서부터 주가가 급등되기 시작했다.

정치 테마주 1000%씩 급등

정치 테마주는 대선 2년 전부터 바닥에서 급등하여 주도주는 1000%씩 상승하는 경우가 많았는데 그 이유는 대선까지 꽤 많은 기간이 남아 있기 때문이다.

매수 세력의 입장에서 보면 꿈이 현실이 되는 시기가 2년 후이기에 2년 동안 주가를 상승시키고 대선 수개월 전부터 차익을 실현한다면 손쉽게 수익을 올릴 수 있을 것이다(대부분의 초보 투자자들은 대선이 임박했을 때 테마주에 관심을 갖기 때문이다.).

2. 캔들차트 읽기

캔들의 모습만 봐도 각 종목의 하루 움직임을 알 수 있다. 위아래 꼬리가 길다면 그 종목은 하루 변동성이 컸다는 것을 의미하며, 투자심리가 크게 흔들렸다고 해석해 볼 수 있다.

일봉은 크게 음봉과 양봉으로 구분된다. 하루의 최초 시작 가격보다 높게 상승한 채로 끝나면 양봉으로 표시되고, 시작 가격보다 낮게 끝나면 음봉으로 표시된다. 시초가 종가가 같은 경우에는 십자형 일봉으로 표시된다.

즉 주가가 하락해도 시초가가 종가보다 높다면 양봉이 발생하는 것이고, 주가가 상승해도 시초가보다 종가가 낮으면 음봉이 발생하는 것이다.

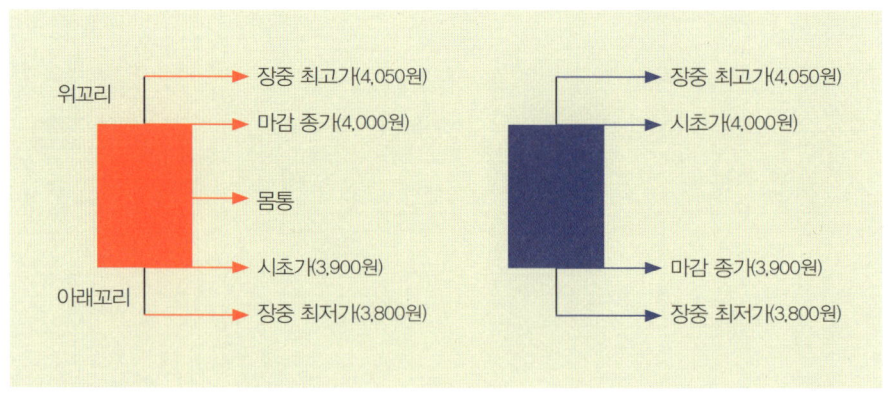

* 그림 1-13 양봉과 음봉

- **양봉 : 시초가보다 종가가 높게 마감**

　그림 1-13의 왼쪽에 있는 붉은색 양봉을 살펴보면 아침에 3,900원에서 시작한 주가가 장중 3,800원까지 하락했으며, 그 후 다시 4,050원까지 상승했다. 그러나 매물부담으로 4,000원까지 주가가 하락해서 장을 마감했다는 것을 알 수 있다. 결론적으로 시초가보다 100원이 상승해서 장 마감이 된 것이다.

- **음봉 : 시초가보다 종가가 낮게 마감**

　그림 1-13의 오른쪽에 있는 파란색 음봉을 살펴보면 오전 4,000원으로 시작한 주가는 장중 4,050원까지 상승했으며, 그 후 다시 3,800원까지 하락했다. 그러나 저가매수세가 유입되면서 주가가 3,900원을 기록하면서 마감되었다는 것을 알 수 있다. 결론적으로 시초가보다 100원이 하락해서 장 마감이 된 것이다.

　캔들의 모습만 봐도 각 종목의 하루 움직임을 알 수 있다. 위아래 꼬리가 길다면 그 종목은 하루 변동성이 컸다는 것을 의미하며, 투자심리가 크게 흔들렸다고 해석해 볼 수 있다.
　양봉에서 아래꼬리가 없다면 매수세가 강한 것이고, 음봉에서 위꼬리가 없다면 매도세가 강한 것이라 해석할 수 있다.

　전쟁으로 비유하면 양봉은 아군이 진지를 구축하는 것이고, 음봉은 적군이 진지를 구축하는 것이다. 따라서 중요 지지선에서 양봉이 출현하면 반격의 신호이고, 중요 저항선에서 음봉이 출현하면 하락의 전주곡으로 해석할 수 있다.

- **중요 지지선 양봉은 매수**

　전쟁의 중요한 방어라인에서 방어에 성공한다면 반격을 시작할 수 있다.

양봉은 아군이 반격을 위해 진지를 구축했다고 판단해 볼 수 있으며, 지지라인에서 양봉이 2개 이상 나온다면 반격 신호로 판단하고 매수한다.

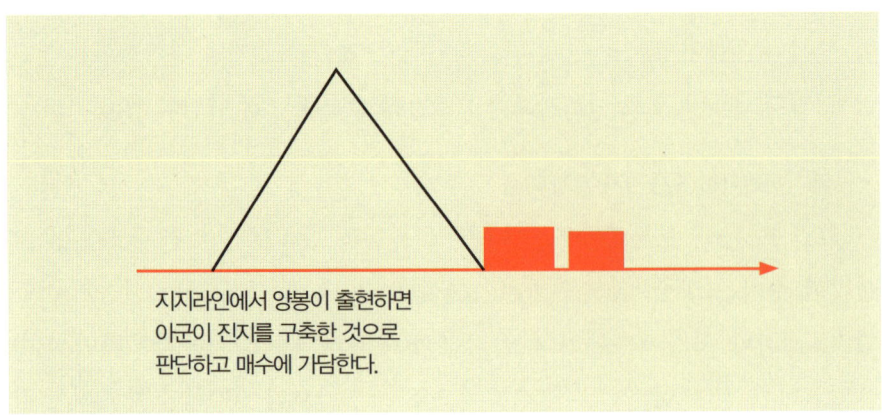

* 그림 1-14 양봉의 중요 지지선

• 중요 저항선 음봉은 매도

반대로 저항선에서 적들이 방어에 성공하면 적들의 반격이 시작될 것이므로 이때는 빠르게 후퇴해야 큰 피해를 줄일 수 있다. 저항선에서 음봉이 2개 이상 나온다면 하락의 위험 신호로 판단하고 주식을 매도하는 것이 좋다.

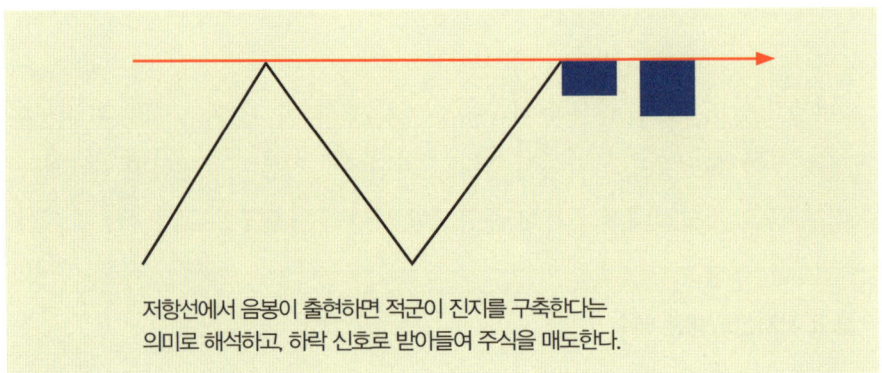

* 그림 1-15 음봉의 중요 저항선

3. 매수 신호의 핵심 캔들

상승장악형 캔들에서 꼬리의 길이는 중요하지 않으며 몸통의 크기를 가지고 분석해야 한다. 전형적인 패턴은 첫째 날은 음봉, 그리고 두 번째 날은 전일 발생한 음봉을 크게 덮는 강력한 양봉이어야 한다.

원론적인 주식 책들을 보면 여러 개의 캔들이 나오지만, 실전에서 중요한 매수 캔들은 4개 정도로 요약할 수 있다.

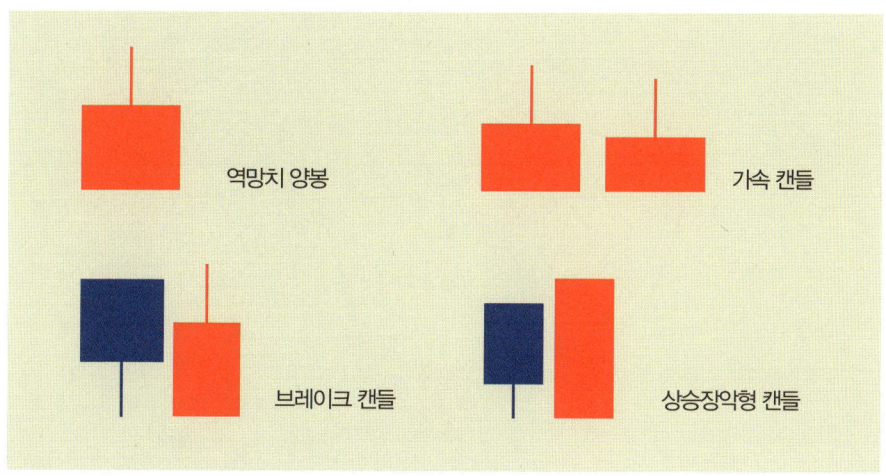

* 그림 1-16 매수 신호를 나타내는 4개의 핵심 캔들

1) 역망치 양봉

주가 급락 후 역망치 양봉이 지지선에서 발생할 경우 반등 신호로 볼 수 있다.

역망치 양봉은 주가 급락 후 세력의 유입을 판단할 때 자주 사용되는 캔들이며, 주요 지지선에서 발생할 때는 세력의 물량 체크라고 판단한다. 꼭 숙지해 두어야 할 캔들이며, 역망치 양봉은 모든 일봉 중에서 가장 중요하다.

역망치 양봉의 형성 원리

이 캔들은 하락 추세에서 기존의 매도세를 이기지 못해 당일 시초가가 하락으로 출발하지만, 시초가 이후 저가 매수세가 강력히 유입되어 장중 큰 상승을 시도하다 악성 매물로 인해 상승폭이 축소되면서 주가가 마감되는 경우에 발생한다.

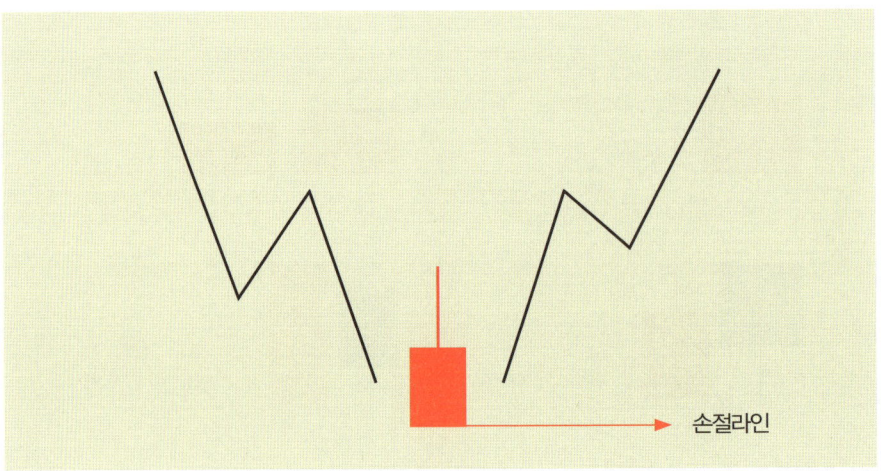

* 그림 1-17 역망치 양봉(Inverted Hammer) 캔들

역망치 양봉 출현 후 저점에서 물량이 모여 다시 강한 상승으로 이어지는 경우가 많으므로 이 캔들은 매물 소화 과정에서 자주 출현하게 된다. 따라서 역망치 출현 다음날 갭(Gap)상승이 나오거나 양봉이 발생하면 강력한 추세 반전의 신호가 되며 매수 급소가 된다.

역망치 양봉의 신뢰도

- 갭하락이 2번 이상 진행된 상태에서 출현하면 신뢰도가 높다(세력은 개인의 투매를 좋아한다. 3번째 갭하락 이후 이런 패턴이 발생하면 이것은 대부분 개인의 투매 물량을 받은 것으로 해석해도 된다).
- 역망치 발생시 거래가 2~3배 증가했다면 신뢰도가 높다.
- 몸통이 꼬리보다 길거나 같으면 신뢰도가 높다(위꼬리가 과도하게 길게 형성된다면 이 역시 단기 매수세가 유입되었다가 이탈했을 가능성이 높다).

* 그림 1-18 주가 급락 시 발생하는 역망치 양봉 사례

세력주에서 역전된 망치형

세력주에서 역전된 망치형은 주요 이평선 위 또는 아래에서 자주 출현하게 된다. 특히 이동평균선 붕괴 후 지속적으로 역망치 양봉이 발생한다면 세력의 물량 매집 현상으로 해석할 수 있다.

주식 투자에 있어 어떤 상황이 발생하면 그 원리를 생각해 보는 것이 중요하다. 내가 어떤 주식을 매수했는데 갑작스러운 급락으로 인해 손절에 실패했다고 가정해 보자. 이때 주가가 바로 회복된다면 일부 투자자들은 세력들에게 물량을 넘겨주겠지만 여전히 주가 상승을 기대한 투자자들이 많이 남아 있을 것이다.

이때 주가가 장중 강세를 보이다가 종가에 하락하는 역망치 일봉이 계속해서 출현하게 되면 많은 투자자들은 서서히 지쳐가게 되고, 장중 양봉이 나오게 되면 조금 안심하면서 물량을 던지게 될 것이다. 바로 이때 발생하는 역망치 양봉이 매수 세력의 물량 체크와 악성 매물을 받는 작업의 징후라 할 수 있을 것이다.

세력주에서의 역망치 양봉

그림 1-19의 차트를 보면 바닥권에서 유독 역망치 양봉이 자주 출현하고 있음을 볼 수 있다. 실제 이 종목은 보유하고 있던 투자자들을 지치게 만들었으며, 이후 주가는 큰 상승세를 기록했다.

* 그림 1-19 넵튠의 역망치 양봉 사례 1

그림 1-20은 썸에이지의 일봉차트다. 당시 썸에이지는 신작게임 발표를 앞두고 있었으며, 매수 세력은 주가 상승 전에 개인투자자들을 지치게 만들었다. 주가가 장중 급등하다 하락하는 모습이 자주 출현했고, 이후 주가는 큰 폭의 상승을 기록했다.

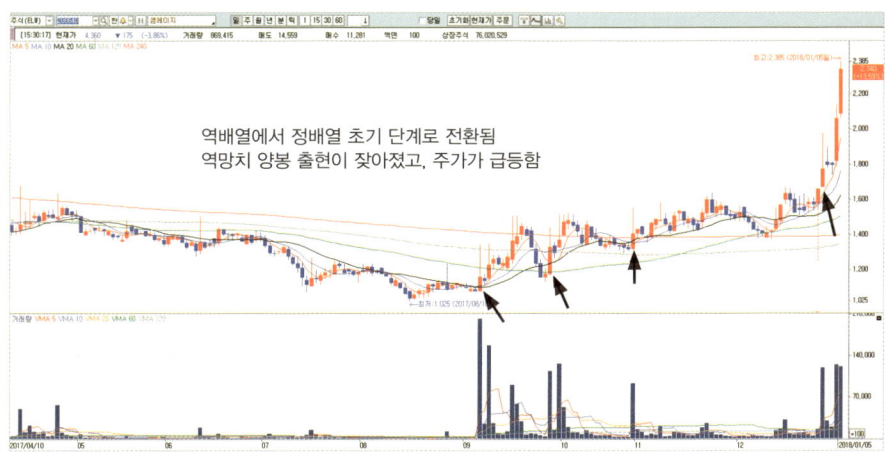

* 그림 1-20 썸에이지의 역망치 양봉 사례 2

Chapter 1 주식 투자, 이것만 알면 된다   35

2) 가속 캔들

가속 캔들의 가장 큰 특징은 역망치 양봉이 2개 이상 연속 출현한다는 것이다. 역망치 양봉 하나로도 좋지만 두 개 세 개가 연속으로 발생하면 더더욱 강한 매수 신호로 볼 수 있다.

아래 그림에 표시된 것처럼 역망치 양봉이 연속으로 출현한 것이 가속 캔들이다.

* 그림 1-21 가속 캔들 사례

3) 브레이크 캔들

그림 1-22의 예에서 볼 수 있듯이, 브레이크 캔들은 음봉 뒤에서 나타나며, 하락 출발 후 역망치 양봉을 만드는 경우에 발생한다. 주가 하락이 멈추는 신호로 판단된다고 해서 브레이크 캔들이라는 이름을 붙였다.

아래 그림에 표시된 것이 브레이크 캔들이다.

* 그림 1-22 브레이크 캔들 사례

4) 상승장악형 캔들

하락 추세에서 시초가가 전일 종가보다 낮은 가격에 형성되었으나 시초가 이후 지속적인 강세를 보이면서 전일 시가보다 훨씬 높은 가격에 마감되는 경우에 출현하게 된다. 시장에 새롭고 강력한 매수세가 유입되고 있다는 증거라고 할 수 있다.

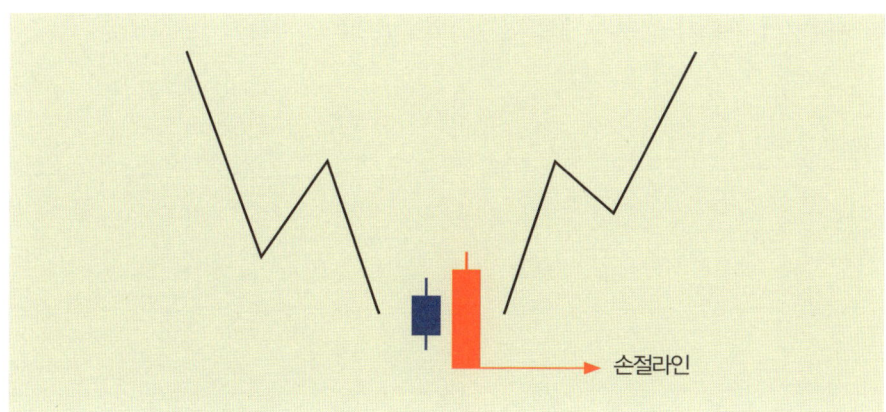

* 그림 1-23 상승장악형 캔들

상승장악형 캔들에서 꼬리의 길이는 중요하지 않으며 몸통의 크기를 가지고 분석해야 한다. 전형적인 패턴은 첫째 날은 음봉, 그리고 두 번째 날은 전일 발생한 음봉을 크게 덮는 강력한 양봉이어야 한다.

이 캔들은 기존의 매물을 소화하는 강력한 손바뀜 현상이 나타날 때 자주 출현하며, 출현 이후 물량 부담 없이 추세적인 상승으로 이어지는 경우가 많다. 상승장악형 캔들이 출현하면 적삼병이 출현할 가능성이 높으므로 상승장악형의 첫 양봉을 따라잡는 것이 좋다.

상승장악형의 신뢰도
- 양봉 발생 시 음봉보다 거래가 2~3배 정도로 증가한다면 최상의 신뢰도이다.
- 양봉의 길이가 전일 음봉의 길이보다 길수록 강력한 매수세의 유입을 의미하므로 신뢰도는 더욱 높아진다.
- 상승장악형이 상한가일 경우 수직상승 가능성이 높다.

그림 1-24의 차트를 보면 지루하게 하락하던 주가에 상승장악형 캔들이 발생하면서 주가가 상승 추세로 전환되었음을 알 수 있다.

* 그림 1-24 상승장악형 캔들 사례

　다시 한 번 강조하지만 중요 지지라인에서 위 4개의 캔들이 출현하면 매수 신호로 해석하길 바라며 지지라인에 대해서는 나중에 다시 알아보기로 한다.

4. 이동평균선의 숨은 원리

강력한 저항선을 한번에 돌파한다는 것은 쉽지 않은 일이지만, 아무리 강력한 저항선이라 하더라도 언젠가는 뚫리기 마련이다. 필자는 이때 3의 법칙을 이용하는데, 3의 법칙이란 중요한 저항선을 3번 이상 돌파하면 상승 시점을 확인하고 매수하는 것이다.

　이동평균선이란 며칠간의 종가를 산술 평균해서 하나의 선으로 연결한 것이다. 5일 이동평균선은 당일부터 5일 전 종가를 합해서 5로 나눈 값이며, 20일선은 20일로 나눈 평균값이고, 60일선은 60일로 나눈 평균값이다.

　계산식은 아주 간단하다. 학교 다닐 때 성적표를 가지고 평균을 낼 때와 같은 방법이다. 모든 보조지표는 계산식을 외우는 것보다 원리를 이해하는 것이 대단히 중요하다.
　쉽게 풀이하면 이동평균은 각 투자자들의 평균 매입단가가 된다. 이동평균선이 꺾이기 시작하는 부분은 당시 참여한 투자자들이 손실을 보기 시작한 가격으로 저항선 작용을 하게 된다. 이유는 대부분의 투자자들이 손실 상태이던 주가가 본전 근처에 오게 되면 매도하고자 하는 욕구를 갖기 때문이다.

　20일선이 꺾이는 부분은 20일간 투자한 사람들이 손실을 보기 시작한 가격이므로 이 부근에 진입하면 일단 눌림이 발생하게 된다.
　특히 240일선이 꺾이기 시작하는 부분은 중장기적 저항이므로 웬만하면

이 부근에서 일차적으로 매도하는 것이 좋다.

20일선이 꺾이는 구간은 단기저항선

그림 1-25에 표시되어 있는 검정색 이평선이 20일선이며 바닥에서 상승세를 이어가던 주가가 바로 이 부근에서 저항을 받으며 상승세가 주춤해진 것을 볼 수 있다. 이 구간에서 신규매수는 금지하며 보유하고 있다면 단기적으로 매도 후 재매수가 좋다.

* 그림 1-25 20일선이 꺾이는 단기저항선의 예

240일선이 꺾이는 구간은 장기저항선

주식 투자자들 중 240일선을 빼고 차트를 보는 경우가 많다. 그러나 240일선은 절대적으로 중요한 선으로, 중장기적인 저항과 지지를 찾는데 결정적인 역할을 하므로 HTS에서 240일선은 반드시 넣어 두어야 한다.

필자는 240일선을 헌법선이라고 부르는데, 그 이유는 헌법은 모든 법 중 최상위의 법이기 때문이다.

240일선은 모든 이평선 중 최상위의 이동평균선이다.

아래 종목을 보면 그 저항의 힘을 알 수 있다. 240일선이 꺾이는 부근까지 주가가 상승했다면 추격매수는 절대 금지이며, 보유 종목은 단기매도를 해야 한다.

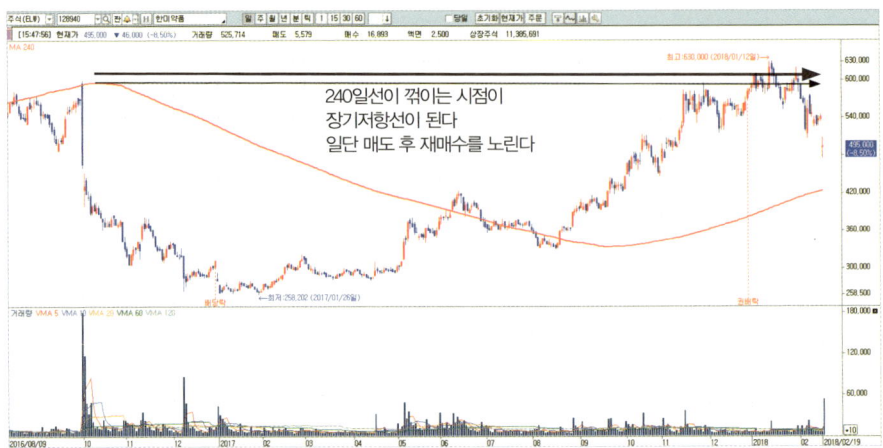

* 그림 1-26 240일선이 꺾이는 장기저항선의 예 1

두 번째 예시 종목 역시 두 번이나 240일선 돌파를 시도했지만 실패와 함께 급락이 나오고 말았다. 이 구간에서 매수했다면 단기 큰 손실이 발생하게 된다. 이 저항선이 3의 법칙에 해당될 때는 매수가 가능하다.

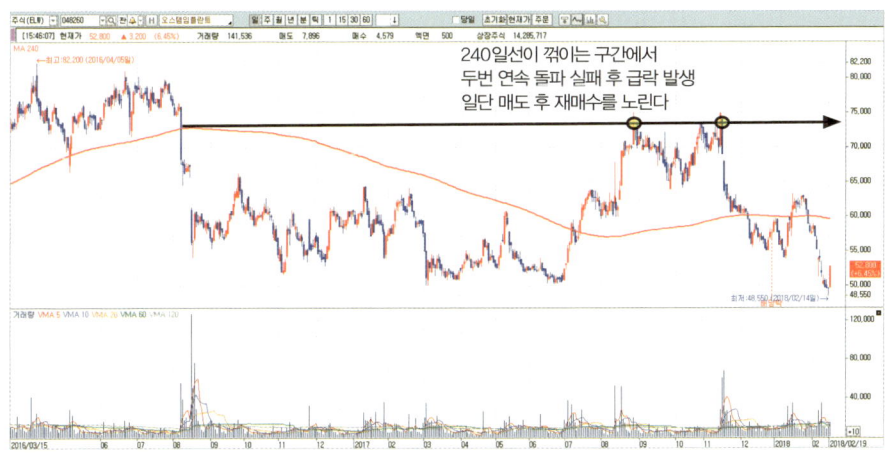

* 그림 1-27 240일선이 꺾이는 장기저항선의 예 2

3의 법칙

강력한 저항선을 한번에 돌파한다는 것은 쉽지 않은 일이지만, 아무리 강력한 저항선이라 하더라도 언젠가는 뚫리기 마련이다. 필자는 이때 3의 법칙을 이용하는데, 3의 법칙이란 중요한 저항선을 3번 이상 돌파하면 상승 시점을 확인하고 매수하는 것이다.

그림 1-27의 종목을 보면 240일선이 꺾이는 부근에서 저항을 뚫고 두 번째 돌파 시도를 했지만 무너지고 말았다. 이때는 절대 매수에 가담해서는 안 되지만 3번 이상 돌파 시도 후에 상승할 때는 오히려 매수 시점으로 잡는다.

이제 그림 1-28의 그래프를 살펴보자.

3의 법칙이 적용되는 구간이 표시되어 있는데 이때는 매수 시점으로 잡아도 무방하다. 바닥에서 상승하던 주가가 240일선이 꺾이는 부근에서 저항을 받았지만 이후 크게 하락하지 않았으며 3번 이상 저항선 돌파를 시도한 후 상승이 발생했다.

이렇게 3번 이상 저항선 돌파 후 고점을 돌파하는 것이 필자가 말하는 3의 법칙이다. 이처럼 3의 법칙 발생 후 추세선과 패턴의 고점을 돌파할 때를 매수의 시점으로 잡으면 된다.

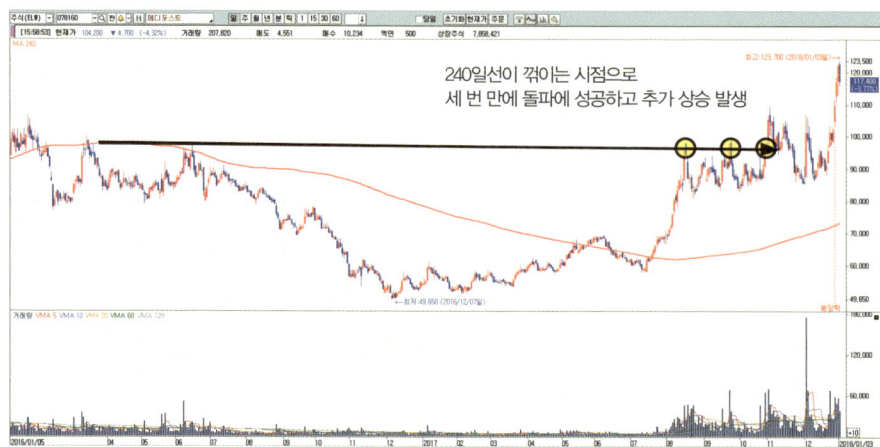

* 그림 1-28 3의 법칙 발생 사례

5. 추세선과 진폭에 대한 이해

주식 시장에서 횡보 또는 박스권이라고 불리는 것이 평행 추세선이다. 즉 평행 추세선은 주가의 변동폭이 당분간 일정한 변동폭에서만 움직이는 것을 말한다. 평행 추세선에서는 전저점 공격, 전고점 후퇴 전략으로 몇 번의 수익을 올릴 수 있다.

추세선이란 특정기간 동안에 발생한 가격의 방향을 표시한 선을 말한다. 일정 시점의 가격을 연속적으로 이어 나가면 선이 발생하고, 이러한 선을 최소한 2개 이상의 저점과 고점을 연결한 것이 바로 추세선이다. 이러한 추세선이 가격의 하락을 표시하면 하락 추세선, 상승을 표시하면 상승 추세선이라고 한다.

1) 상승 추세선

상승 추세선은 주가가 상승과 하락을 거듭하지만 일봉의 저점이 지속적으로 높아지는 것을 말한다. 상승 추세의 초기에 매수하면 일정 폭의 수익을 올릴 수가 있다. 전쟁으로 비교한다면 상승 추세선은 아군이 적군 진지를 빼앗기 위해 진지를 하나씩 확보해 나가는 것과 같으며, 아군에게 유리한 국면으로 실패 확률보다 성공 확률이 높다.

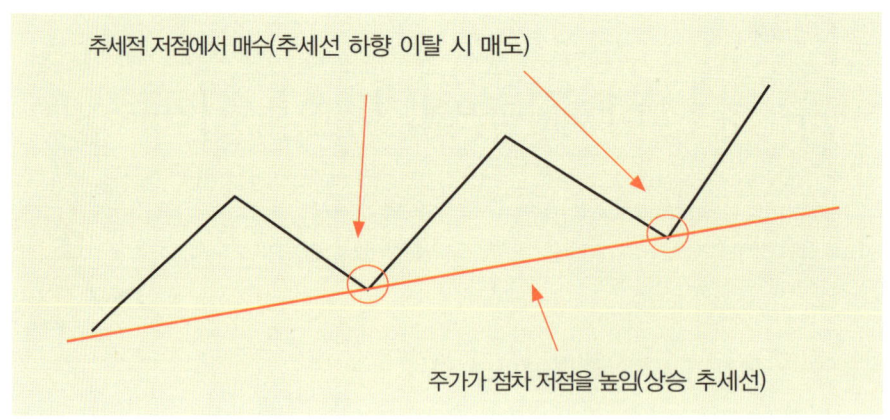

* 그림 1-29 상승 추세선의 기본

아래 종목은 솔브레인의 일봉차트이며 장기상승 추세를 기록하고 있다. 바로 이 부근이 지지라인이 되는데, 추세선 하단에서 앞서 언급한 4대 캔들이 발생하면 매수 급소로 볼 수 있다.

솔브레인은 추세선 하단에서 앞에서 배운 상승장악형 캔들이 발생한 바 있다.
아래 캔들은 그 지점을 확대한 것으로, 상승장악형 캔들임을 알 수 있다.

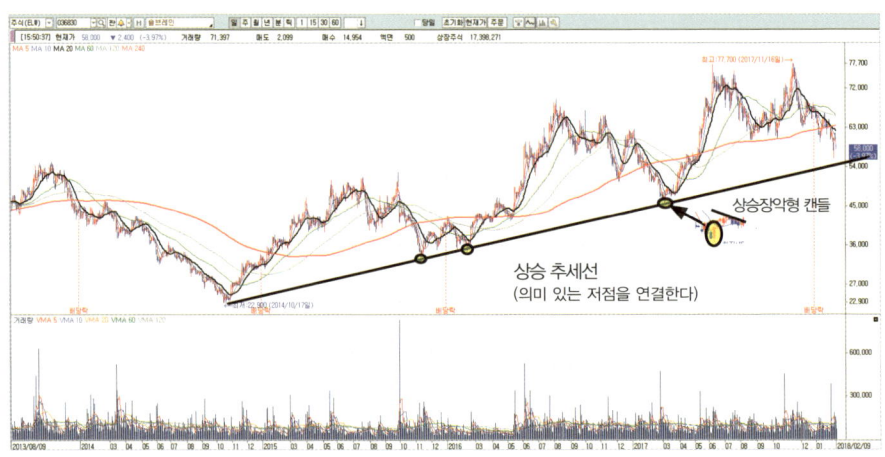

* 그림 1-30 상승 추세선의 실제 사례

연습용 차트 1

아래 차트를 보고 자로 상승 추세선을 그어 보자.
참고로 10개의 연습용 차트에 대한 답은 이 책의 마지막 장에 수록되어 있다.

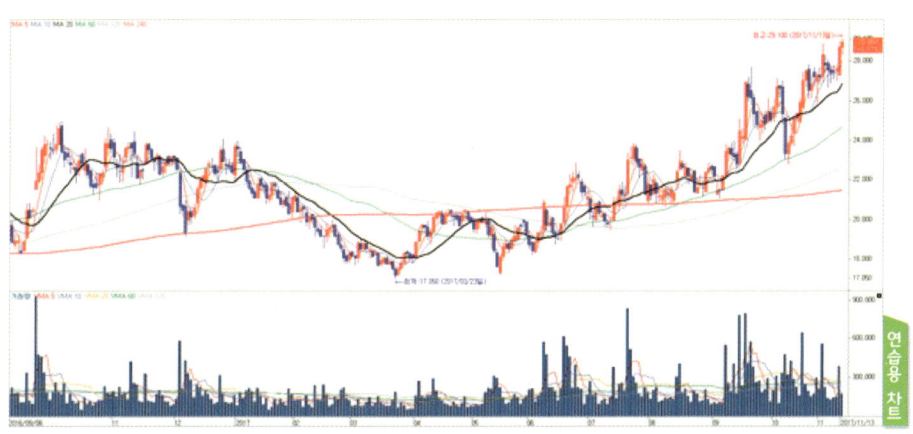

* 그림 1-31 연습용 차트 1 (상승 추세선)

상승 추세선의 지지와 저항

추세선의 지지로 상승을 보이던 주가가 그 추세선을 하향 돌파하게 되면 다음부터 그 지지선은 저항선 역할을 하게 된다. 반대로 하락 추세에서는 추세선을 상향 돌파하게 되면 다음부터 그 저항선은 지지선 역할을 하게 된다.

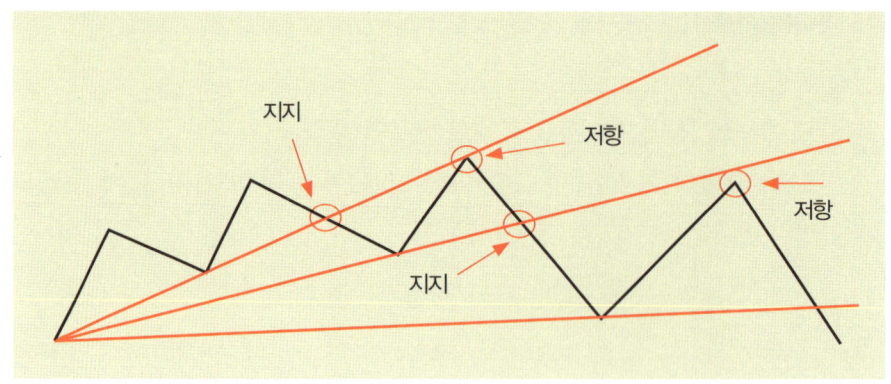

* 그림 1-32 상승 추세선의 지지와 저항

2) 하락 추세선

주가가 상승과 하락을 거듭하면서 일봉의 고점이 점차 낮아지는 것을 말한다. 하락 추세의 초기에 매도하면 손실을 방지할 수 있으며, 추세적 저점 매수, 고점 매도로 단기수익도 올릴 수 있다. 상승 추세선과는 반대로 적군이 밀고 내려 오는 시기이므로 수익보다는 손실을 볼 확률이 높다.

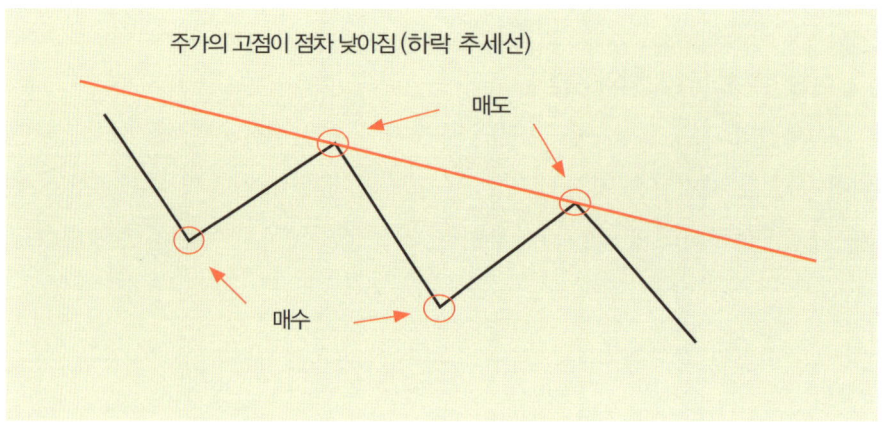

* 그림 1-33 하락 추세선의 기본

그림 1-34는 삼성SDI의 차트로, 이 종목을 보면 고점이 지속적으로 낮아지고 있음을 볼 수 있다. 이런 구간에서의 매수는 수익보다 손실을 볼 확률이 높다.

단 3의 법칙으로 인해 하락 추세선을 3번 이상 돌파 시도 후 성공할 때는 추세 전환일 가능성이 높다. 삼성SDI의 주가는 하락 추세선을 3번 시도만에 돌파했고 이후 100%의 주가 상승이 발생한 바 있다.

* 그림 1-34 하락 추세선의 실제 예

연습용 차트 2

아래 차트를 보고 자로 하락 추세선을 그어 보자.

* 그림 1-35 연습용 차트 2 (하락 추세선)

3) 평행 추세선

주식 시장에서 횡보 또는 박스권이라고 불리는 것이 평행 추세선이다. 즉 평행 추세선은 주가의 변동폭이 당분간 일정한 변동폭에서만 움직이는 것을 말한다. 평행 추세선에서는 전저점 공격, 전고점 후퇴 전략으로 몇 번의 수익을 올릴 수 있다.

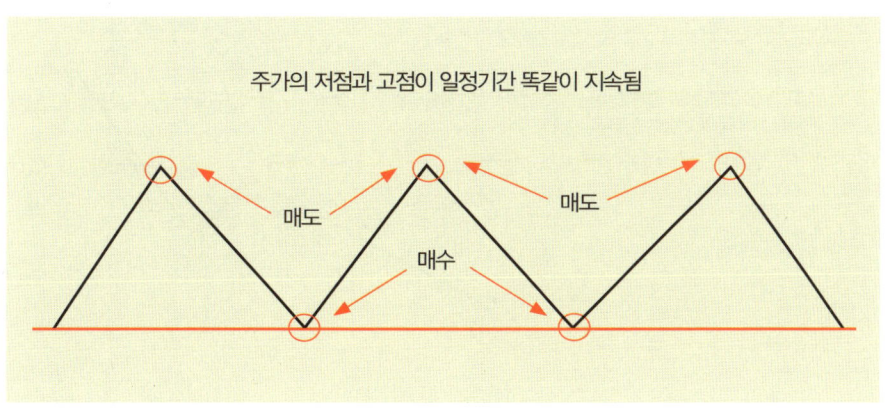

* 그림 1-36 평행 추세선 (박스권, 횡보)

진폭

진폭이란 주가의 저점에서부터 고점까지를 하나의 선으로 연결한 것을 말한다.

저점에서 고점까지 선을 계속해서 만들어 나가면 되는데, 진폭은 길게 만들 수도 있고 짧게 만들 수도 있다.

추세선과 진폭을 함께 나타내면 패턴이 형성되므로 추세선과 진폭은 반드시 그릴 수 있어야 한다.

진폭을 그리는 방법

주가의 저점과 고점을 하나의 선으로 연결해 본다. 차트를 길게 보면 길게 그리고, 짧게 보면 짧은 진폭을 그릴 수 있다.

* 그림 1-37 진폭을 나타낸 주식 차트 사례

그림 1-38는 유니테스트의 주식 차트로, 당시 주가의 진폭을 모두 그려 보았다. 저점에서 고점까지 연결하고 다시 고점에서 저점까지 연결하면 진폭이 만들어지게 된다.

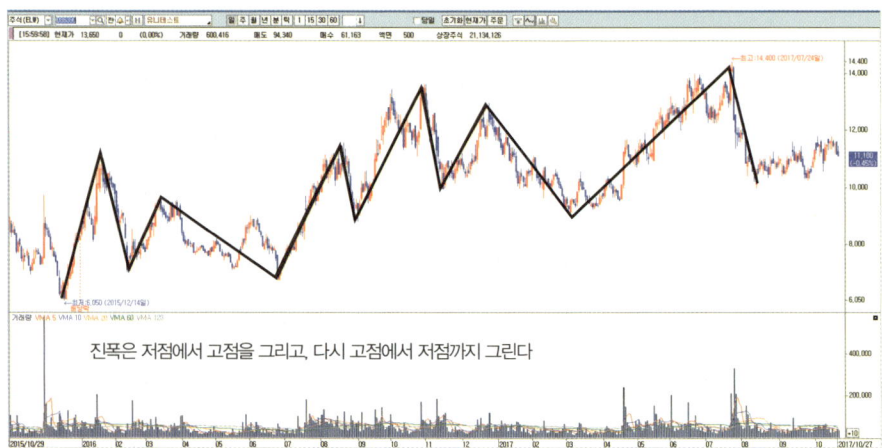

* 그림 1-38 유니테스트 주식 차트

연습용 차트 3

아래의 차트를 보고 진폭을 직접 그려 보자.

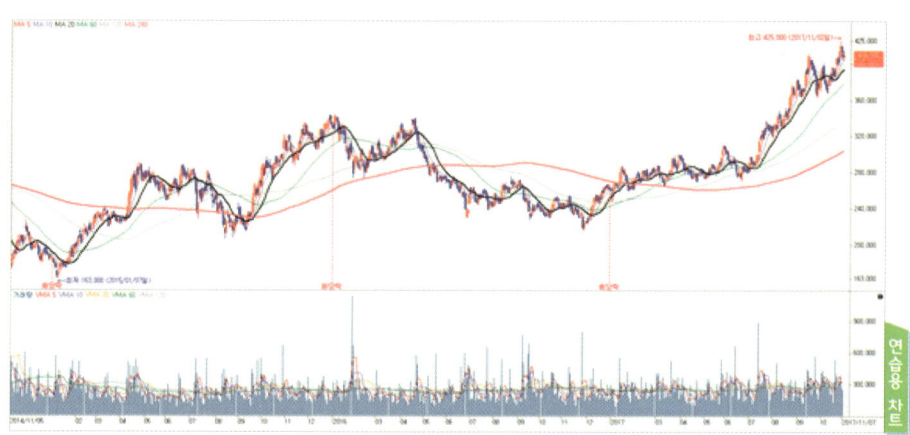

* 그림 1-39 연습용 차트 3 (진폭)

패턴이 만들어지는 과정

추세선을 그리고 진폭을 그릴 수 있다면 이제 패턴을 그릴 수 있다.

아래 종목을 보면 저점이 높아지는 상승 추세선을 보유하고 있지만 고점은 일정하게 유지되고 있다. 검정색으로 표시된 것이 추세선이며, 가운데 빨간색으로 표시된 것이 진폭이다. 이렇게 해서 패턴이 형성되게 된다.

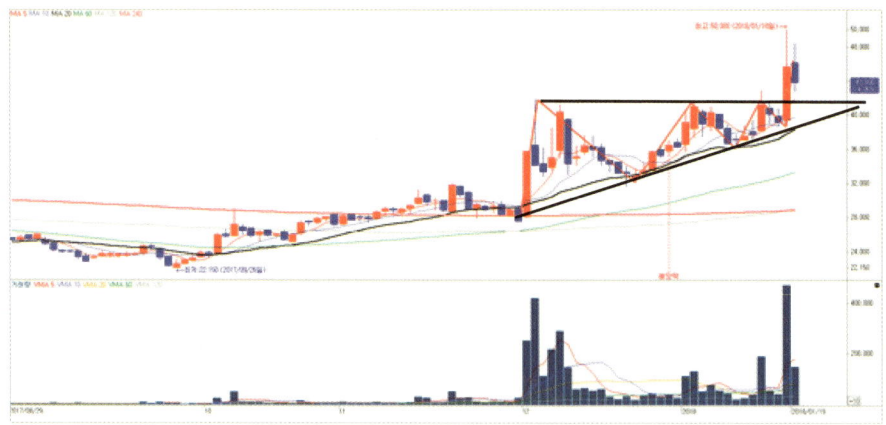

* 그림 1-40 패턴이 만들어 지는 과정

연습용 차트 4

그림 1-41의 차트에 패턴을 만들어 보자.

상승 추세선과 하락 추세선, 그리고 가운데 진폭을 그리면 된다.

* 그림 1-41 연습용 차트 4 (패턴)

6. 주가의 생애 주기는 필수 중에 필수

투자자들이 가장 조심해야 할 구간은 바로 3번의 상승 파동 이후 하락폭의 50% 되돌림 현상이 발생했을 때로, 이 구간에 매수에 가담하지 않는 것이 중요하다.

모든 생물에 생애주기가 있듯이 주가에도 생애주기라는 것이 있다. 주가의 생애주기만 알아도 저점 매수와 고점 매도를 할 수 있고, 하락하는 종목의 매수를 피할 수 있다.

주가는 끝없이 상승하지도 않고 끝없이 하락하지도 않는다.

주가의 생애주기 공식은 모든 매매의 기초가 되므로 항상 머리속에 그리고 있어야 한다.

주가의 생애주기 공식

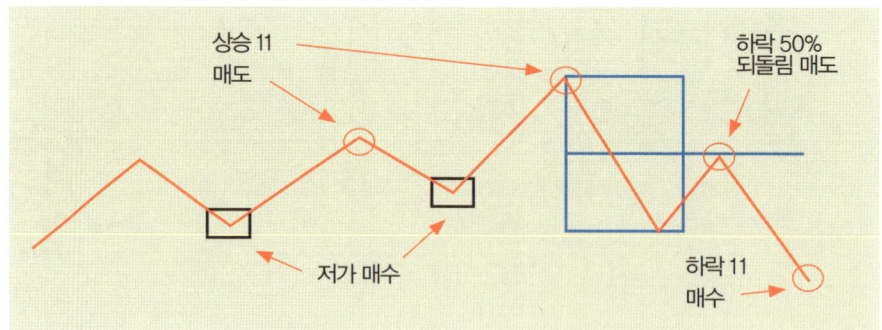

* 그림 1-42 주가의 생애주기 공식

생애주기의 실제 예

생애주기에 있어 파동은 앞에서 알아본 진폭을 이용해 계산하면 된다.

그림 1-43을 보면 바닥에서 3번의 상승 파동이 발생한 후 하락 추세로 전환되었음을 알 수 있다. 차트를 살펴보면 1차 급락 후 하락폭의 50% 정도 반등이 발생하고, 추가 급락이 발생했다는 것을 알 수 있다. 투자자들이 가장 조심해야 할 구간은 바로 1차 급락 후 50% 되돌림 반등이 나올 때다.

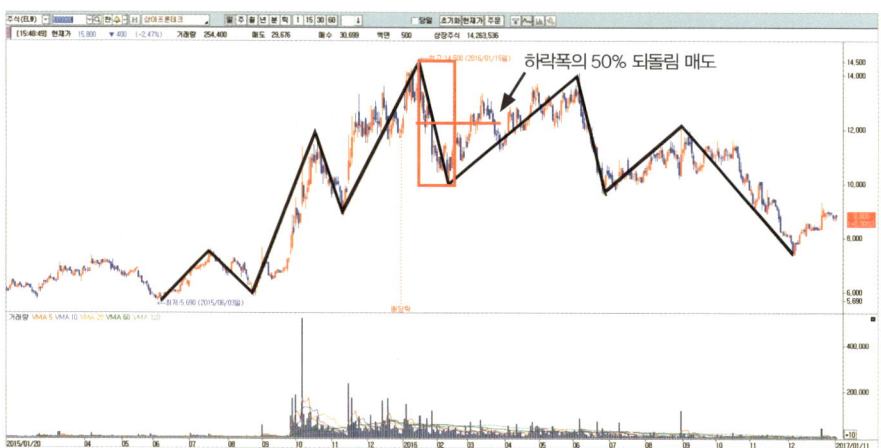

* 그림 1-43 주가의 생애주기를 나타낸 차트 1

급락 후 50% 반등이 고점이 되는 이유

주가가 고점에서 급락한 이후 반등을 시작하면 저점에서 잡은 사람들은 수익이 나게 될 것이고, 고점에 잡은 사람들은 손실폭이 줄어들게 될 것이다. 급락폭의 50% 반등 지점은 손실을 본 투자자들의 매도 욕구와 저점에 매수해서 수익을 본 사람들의 차익 실현 욕구가 함께 나타나게 되므로 강력한 저항 작용을 하게 된다.

아래 종목도 생애주기 공식대로 움직였다.

바닥에서 3번의 상승파동 후 급락했고 급락파동의 50% 되돌림 반등이 나오긴 했지만 그 지점이 반등의 최고점이 되었고 주가는 급락으로 돌변했다.

고점에서 3번의 하락파동이 발생하고 나면 저가 매수가 가능한데 이때 저가 매수하는 공식은 뒤에서 별도로 기술하기로 하겠다.

* 그림 1-44 주가의 생애주기를 나타낸 차트 2

> 알돈주깨1 알아두면 돈이 되는 주식 투자의 깨알 팁

신규 상장주 매매 방법

신규 상장 주식은 상장 초기에 잘 공략하면 급등주를 잡을 확률이 높지만 잘못 매매하면 큰 낭패를 보는 경우가 많으므로 신규 주식을 매매하는 방법과 신규 상장 주식의 매매 공식을 잘 알아 두어야 한다.

우선 코스닥 상장 요건을 먼저 살펴보자.

코스닥 상장 요건

구 분	일반기업	벤처기업
기업 규모 요건	자기자본 30억원 이상 또는 시가총액 90억원 이상	자기자본 15억원 이상 또는 시가총액 90억원 이상
영업 활동 기간	3년 이상	제한 없음
경영 성과 조건	※ 다음 요건 중 하나를 충족 ① 당기순이익 20% 이상 ② ROE 10% 이상 ③ 매출액 100억 & 시가총액 300억 이상 ④ 매출 50억, 매출액 증가율 20%	※ 다음 요건 중 하나를 충족 ① 당기순이익 10% 이상 ② ROE 5% 이상 ③ 매출액 50억 & 시가총액 300억 이상 ④ 매출액 50억, 매출액 증가율 20%

이러다 보니 상장을 위해서는 최대한 실적을 올려야 한다. 대부분의 기업들이 3년 이상 실적을 올려야 하는데, 그 조건이 충족될 때쯤 그 기업의 실적이 상투를 칠 때가 대부분이다. 신규 상장 주식은 상장 이후 급락하는 경우가 많다. 그 이유는 아래와 같으므로 이런 종목은 피하는 것이 좋다.

IPO 주관사로 증권사 등이 관여하게 되는데, 상장하기 전에 공모도 하겠지만 대부분 기관들이 그 주식을 매수해 두고 있다. 비상장주를 보유한 기관

들이 자신들의 가치를 높이려면 어떻게 해야 할까? 기존 주주들을 기쁘게 하려면 어떻게 하는 것이 좋을까? 바로 신규 상장 시에 공모가를 최대한 높게 산정하면 된다.

    신규 상장 공모 당시 실적이 좋아야 보다 높은 가격으로 공모가를 산정할 수 있으므로 신규 상장주는 제조업의 경우 미래에 발생할 매출 중 현재로 당겨 잡을 수 있는 것은 모두 끌어당겨서 공모 당시의 실적으로 잡는 경우가 많다. 그래야 공모가를 높일 수 있기 때문이다.

    중소기업의 실적이 삼성전자처럼 계속 좋아질 가능성은 극히 희박(대형주 신규 상장은 제외)하다. 그래서 신규 상장 이후 실적이 급감하는 경우가 많다.

    그림 1-45 아이리버(과거 레인콤)라는 기업의 차트를 한번 살펴보자.
    한때 MP3로 최고 실적을 기록할 때 상장했지만 이후 MP3 사업은 사양길로 접어 들었고, 주가는 끝없는 하락세를 기록했다.

* 그림 1-45 아이리버 주식 차트

신규 상장 후의 물량 부담도 주가 하락의 이유로 볼 수 있다.

신규 상장 이후 기관들의 보호예수가 풀리면 대부분 매도하게 되고 기존의 우리사주나 주주들도 주식을 매도하게 되므로 주가가 하락하는 경우가 많다.

제조업의 경우 상장 전 실적이 그 기업 실적의 최고치인 경우가 대부분이므로 보통 적정가 대비 2배 정도 고평가돼서 상장되는 경우가 많다. 따라서 제조업의 경우 그 시장의 핵심산업이 아닌 경우 공모가 대비 50% 이상 하락하는 경우가 많으므로, 저가 매수는 공모가 대비 50% 이상 하락한 지점에서 가담하는 게 좋다.

아래 종목은 에프엔에스테크라는 기업으로 OLED관련 장비를 납품하는 기업의 재무제표이다. 상장 전 대규모 영업이익을 기록했지만, 상장 후 바로 적자로 전환되었음을 볼 수 있다. 이런 경우 공모가 대비 50% 가량 주가 하락이 발생해야 저가 매수가 가능하다.

IFRS(개별)	2014/12	2015/12	2016/12	2017/09
매출액	249	446	646	552
매출원가	215	384	517	520
매출총이익	35	62	129	32
판매비와관리비 ➕	83	31	39	38
영업이익	-48	31	90	-6

* 그림 1-46 에프엔에스테크의 재무제표

에프엔에스테크의 주가는 이처럼 급락했다.

공모가 대비 60% 하락한 이후 반등을 시작하므로 제조업의 경우 신규 상장 매수는 극도로 조심하거나 매수해도 단기로 접근하는 것이 바람직하다.

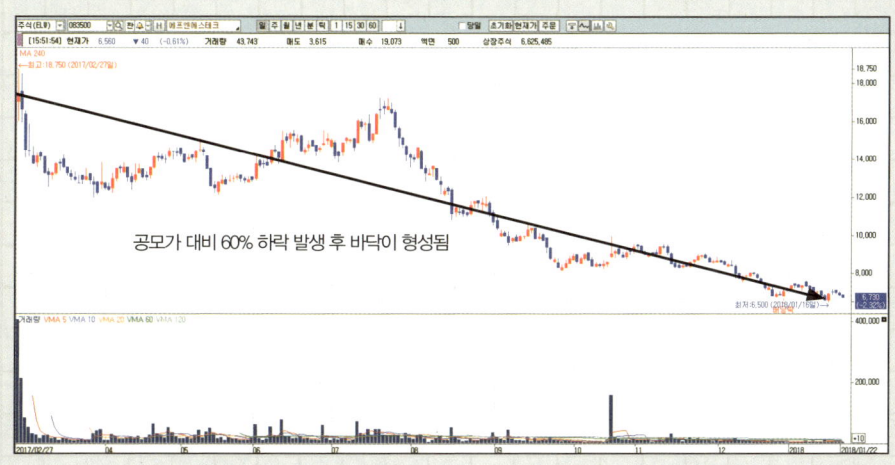

* 그림 1-47 에프엔에스테크 주식 차트

제조업이 아닌 바이오, 게임, 소프트웨어 관련 기업 등의 경우는 시장 상황에 따라 달라진다. 이런 기업들은 시장의 핵심인 경우에는 상장 후 급등하는 경우가 있으나 핵심에서 벗어나면 끝없는 하락을 하게 된다.

바이오 주를 보면 이러한 사실을 확인할 수 있다.

그림 1-48은 강스템바이오라는 기업의 주식 차트로, 이 회사는 국내 제대혈 보관 1위 업체로, 줄기세포를 활용한 아토피치료제를 개발하고 있는 기업이다. 바이오 주가 시장의 핵심일 때 상장해서 상당한 급등세를 기록했지만, 시장의 핵심에서 벗어나게 되면서 엄청난 급락 파동이 발생한 것을 볼 수 있

다. 이런 이유로 신규 상장주는 장기 투자보다는 단기로만 접근하는 게 좋다고 말할 수 있다.

* 그림 1-48 강스템바이오 주식 차트

Chapter **02**

돈 버는 주식을
고르는 방법

주식은 기술적 분석만으로 큰 수익을 올릴 수 없다. 기술적 분석은 타이밍과 전략을 짜는데 도움이 될 뿐 큰 흐름은 예측할 수 없다. 산업의 사이클과 주가의 상관관계를 알아야 큰 흐름을 예측할 수 있고, 저점 매수, 고점 매도를 통해 수익을 극대화시킬 수 있다.

1. 초보자도 쉽게 따라할 수 있는 기업의 적정 가치 산정법

기업의 부채 비율이 100%를 넘어가는 경우에는 100%당 적정 시가총액에 20%를 할인하여 적정 가치를 산정해야 한다.

기업의 적정 가치를 영업이익으로 평가하라

주식 시장에서 가치를 평가할 때 가장 많이 사용하는 것은 PER라고 할 수 있다. PER는 주당순이익(EPS) 대비 벌어들이는 배수를 뜻한다. 한 주당 1,000원을 벌어들이는 기업을 만 원에 살 것인지, 만 오천 원에 살 것인지를 평가하는 것이니 당연히 싸게 주고 사야 바람직하다고 할 수 있다.

하지만 주식 시장은 PER로 평가하기 힘든 경우가 많다. 1,000원을 벌어들이는 기업을 5만 원 이상 주고 매매하는 경우도 많고, 5,000원에 매매하는 경우도 있다. PER는 주당순이익으로 평가하지만 이것을 영업이익 기준인 OPS(Operating Profit PER SHARE)로 바꾸어야 한다.

주당순이익(EPS)은 영업외 수지까지 포함하고 있어 일회적인 내용들이 많이 들어 있지만 영업이익은 실제 영업활동에서 벌어들이는 수익만을 나타내므로 기업의 성장을 평가하는데 있어서 가장 이상적이라고 할 수 있다. 주식은 자기만의 저평가 기준을 만드는 것이 중요하다.

모든 증권사에서는 EPS를 기준으로 PER를 산정해 놓고 있는데, 이것을 기초로 해서 영업이익 기준의 PER를 만들면 실제 저평가 기업을 찾는데 큰 도움이 된다.

EPS는 순이익을 상장 주식수로 나눈 것이다. 순이익이 100억이고 발행 주식수가 1,000만주라면 EPS는 1,000원이 된다.

PER는 현재 주가를 EPS로 나눈 값으로, 현재 주가가 10,000원이고 EPS가 1,000원이라면 PER는 10배가 된다.

한 기업이 있다고 가정해 보자.
이 기업의 매출액과 영업이익은 꾸준한 성장세이고 장사를 잘하고 있는데, 그 기업이 투자한 회사에 손실이 나거나 혹은 일시적인 영업외수지(일회성비용)로 인해 적자를 기록하는 경우 영업이익은 흑자(+)이나 순이익 EPS는 적자(-)를 기록하게 된다. 이 경우 투자자들은 이 회사의 주식을 선뜻 매수하지 않으려고 할 것이다.
하지만 일회성 비용으로 인한 악재가 소멸되면 그 기업은 본연의 영업이익을 통해 순이익이 흑자로 전환될 가능성이 높다. 분명히 그 기업은 장사를 잘하고 있었기 때문에 언제든지 순이익으로 흑자 전환이 가능한 것이다.
이때 순이익을 기준으로 PER를 산정했다면 분명 고평가겠지만 영업이익(OPS)을 기준으로 PER를 산정했다면 주가가 하락할수록 저평가의 매력이 커지는 것이다.
이때 그 기업의 주식을 매수해서 묻어두면 향후 큰 수익이 되어서 돌아올 가능성이 상당히 높다.
경매 격언 중에 '썩은 사과가 가장 맛있다'라는 말이 있다.

썩은 사과는 남들이 싫어해서 헐값에 거래되지만, 그 썩은 부위만 잘 도려내면 그 어떤 사과보다도 맛이 있다. 결국 이 격언은 경매에서 권리관계가 복잡한 건물은 다른 사람들이 참여하지 않아 유찰이 많아져 가격이 급락하게 되지만 그 요인을 알아내고 적당히 도려낼 수 있는 사람에게는 썩은 사과처럼 큰 수익이 되어서 돌아온다는 뜻이다. 주식도 마찬가지다. 지금 현재 적자를 기록하고 있지만 적자 요인이 향후 해소된다는 것을 미리 알 수 있다면 큰 수익을 올릴 수 있다. 남들이 쉽게 접근하지 않는 만큼 낮은 가격에 매수할 수 있는 기회를 갖는 것이다. 따라서 영업이익을 기준으로 적정가를 평가한다면 남들보다 한발 유리한 고지에서 시작할 수 있다는 사실을 기억하기 바란다.

아래의 재무제표를 보면 이해가 쉬울 것이다.

이 기업의 매출액과 영업이익을 보면 꾸준하게 성장하고 있지만 1회성 비용인 법인세 비용 급증으로 순이익이 적자로 전환되었음을 알 수 있다. 이런 경우 EPS는 (-)값을 가지게 되어 현재 주가가 과도하게 높다고 판단하기 쉽다. 일회성 비용이 처리된 후 이 기업의 순이익은 다시 흑자로 전환되었으며 이후 주가는 상승했다.

이 종목을 그냥 순이익만 보고 판단한다면 매수하기 어렵겠지만, 영업이익 기준으로 판단한다면 저평가되어 있음을 알 수 있다. 이런 이유로 기업의 가치는 순이익보다는 영업이익을 기준으로 판단해야 한다는 것이다.

IFRS(연결)	2014/12	2015/12	2016/12	2017/09
매출액	5,739	6,228	6,848	5,373
매출원가	3,383	3,663	4,032	3,078
매출총이익	2,357	2,565	2,816	2,295
판매비와관리비	2,174	2,231	2,383	1,923
영업이익	182	335	433	372
금융수익	99	82	152	49
금융원가	470	437	485	344
기타수익	98	11	18	24
기타비용	74	35	72	7
종속기업,공동지배기업및관계기업관련손익	34	47	67	631
세전계속사업이익	-131	2	114	725
법인세비용	-38	-1	258	32
계속영업이익	-93	3	-144	693
중단영업이익				
당기순이익	-93	3	-144	693

* 그림 2-1 기업의 재무제표 사례

기업의 적정 가치를 시가총액으로 판단하라

주가가 높다고 해서 기업의 가치가 높은 것은 아니다. 기업의 가치는 주가에 발행 주식수를 곱해서 나오는 수치로 판단해야 하는데, 현재 주가가 10,000원이고 발행 주식수가 1,000만주라면 그 기업의 가치는 1,000억이 되는 것이다.

기업의 적정 가치를 평가하는 가장 기초적인 방법은 영업이익에 10배 정도를 곱한 것을 적정 가치로 산정하는 것이다.

어떤 기업의 1년간 영업이익이 100억이라면 10배를 곱한 1,000억 정도가 그 기업의 적정 가치로, 만약 주가가 그보다 현저하게 낮다면 저평가주로 판단하게 된다.

성장주는 20배까지도 가능하지만 바이오주나 이상 테마주 같은 경우에는 이런 방식으로 적정 가치를 산정하기 어렵다.

기술주는 보통 IT업종을 말하는데, 이 업종은 보통 영업이익에 12~15배를 곱한다.

전통적인 저평가주는 화학, 철강, 자동차부품주로, 과거부터 8배 정도로 적정가가 산정된다. 그림 2-2의 재무제표를 보고 기업의 적정가를 산정해 보자.

IFRS(연결)	2014/12	2015/12	2016/12	2017/09	전년동기
매출액	784	947	1,411	747	1,240
매출원가	411	503	746	363	659
매출총이익	372	444	665	384	581
판매비와관리비	249	258	300	243	231
영업이익	123	186	365	141	350

그림 2-2 IT기업의 재무제표 사례

그림 2-2는 IT기업 유진테크의 재무제표로 영업이익 대비 12배 정도를 곱한 수치가 적정 가치가 된다. 1년 영업이익이 대략 300억대를 형성하고 있으므로 적정 시가총액은 3,600억 전후로 판단할 수 있다.

만약 현재 시가총액이 이보다 과도하게 높다면 저평가 매력은 없어지게 된다. 그러나 향후 1~2년 동안 영업이익의 증가가 예상된다면 적정 가치보다 높게 거래될 것이다. (주가는 미래의 성장을 선반영 한다.)

기업의 부채 비율이 과도한 경우 할인해서 적정가를 산정하라

기업의 부채 비율이 100%를 넘어가는 경우에는 100%당 적정 시가총액에 20%를 할인하여 적정 가치를 산정해야 한다. 즉, 그림 2-2의 유진테크 부채 비율이 100%를 넘어서면 적정 가치 3,600억에서 20%를 할인해서 적정가를 산정하게 된다. 부채비율이 200%라면 거기에 또 20%를 할인해서 적정가를 산정하면 된다.

2. IFRS를 적용한 적정가 판단 방법

IFRS를 적용한 기업의 적정 가치는 개별기업의 영업이익에 자회사의 영업이익 중 모회사가 보유한 지분율만 수익에 산정해야 한다.

2015년 이후 기업들은 국제회계기준인 IFRS를 적용하게 되어 자회사 지분율이 50%가 되지 않아도 실질경영권 확인이 되면 자회사의 매출과 영업이익을 모회사에 포함시키게 된다.

이런 기업의 경우 앞에서 기술한 방법대로 산정하면 엄청난 저평가주라고 판단하는 우를 범할 수 있다.

IFRS를 적용한 기업의 적정 가치는 개별기업의 영업이익에 자회사의 영업이익 중 모회사가 보유한 지분율만 수익에 산정해야 한다.

그림 2-3은 다우기술 재무제표로, 이 기업의 IFRS 기준 영업이익은 2,500억에 육박하고 있다. 만약 위 방법대로 이 기업의 적정 가치를 산정한다면 시가총액 2조 5,000억이 넘어야 한다는 계산이 나오게 된다.

그런데 시장에서는 이 기업의 가치를 1조원 정도로 산정하고 있다.

그림 2-3과 그림 2-4는 IFRS 기준의 다우기술 재무제표지만 그 차이가

크다.

그림 2-3은 자회사까지 포함한 연결 재무제표이고, 그림 2-4는 자회사의 실적을 제외한 별도 재무제표이기 때문이다.

IFRS(연결)	2014/12	2015/12	2016/12	2017/09
매출액	7,830	10,385	11,534	9,540
매출원가	4,736	5,677	6,733	5,510
매출총이익	3,093	4,708	4,801	4,029
판매비와관리비	1,891	2,103	2,267	1,805
영업이익	1,202	2,605	2,534	2,224

* 그림 2-3 다우기술의 연결 재무제표

그림 2-3의 영업이익은 자회사의 실적을 포함한 영업이익이고, 그림 2-4의 영업이익은 자회사의 실적을 제외한 순수 영업이익이다.

IFRS(별도)	2014/12	2015/12	2016/12	2017/09
매출액	2,389	2,401	2,147	1,339
매출원가	2,001	2,027	1,758	1,071
매출총이익	388	374	389	269
판매비와관리비	184	183	169	120
영업이익	205	191	220	148

* 그림 2-4 다우기술의 별도 재무제표

다우기술의 실제 영업이익은 200억 정도 밖에 되지 않으므로 회사의 가치를 2,000억 정도로 산정하며, 그 외 2,300억 중 다우기술이 보유한 자회사의 보유 비율만큼만 영업이익으로 산정한다. 만약 자회사에 대한 평균 지분율이 40% 정도라면 2,300억의 40%인 900억만 기업가치에 포함시켜서 적정 가치를 산정해야 한다.

* 그림 2-5 다우기술 주식 차트

 이제 다우기술의 적정 가치가 1조 1,000억 정도라는 것을 알 수 있을 것이다.
 중요한 것은 그 기업이 저평가라는 것을 판단하기 전에 먼저 자회사 실적이 포함된 것인지를 살펴봐야 한다는 것이다.

3. 테마주의 끝을 판단하는 방법

테마주는 주도주를 매매해야 하며, 후발주는 단기수익만 노리고 빠져 나와야 한다. 후발주는 선도주의 눈치를 보게 되는데 선도주가 상한가에 진입하면 뒤늦게 상승하며, 선도주의 상한가가 풀릴 경우 후발주는 투자심리 불안으로 급변동을 보이게 된다.

시장에 테마주가 발생하면 그들만의 리그가 된다.

온갖 종목들이 테마주에 동참하지만 테마주는 일장춘몽이며 유행이 끝나면 수직으로 하락하게 되므로 테마주의 끝을 알리는 신호가 나타나면 절대로 매수하지 말아야 한다.

우량주에 투자해서 손실을 본 사람은 있어도 깡통을 찬 사람은 별로 없다. 주식 투자의 실패는 대부분 이상 테마주 매수에서 발생하게 된다.

테마주의 끝을 판단하는 방법은 아래와 같다.

- 테마주의 대장주가 100%~300% 단기 급등하면 고점일 가능성이 높다.

여기서 대선 테마주는 제외한다. 대선 테마주의 경우 형성되는 기간이 긴 만큼 바닥에서 500% 상승할 때가 고점일 가능성이 높다.

- 억지스러운 종목까지 테마주에 편승하면 테마의 끝을 알리는 신호일 가능성이 높다.

포켓몬고 관련주로 본다면 말도 안 되는 종목까지 테마주로 편입되면서 장중 급등했고, 이것이 바로 테마의 끝을 알리는 신호가 되었다.

대선 테마주의 경우에는 대장주가 100% 이상 급등하면서 억지스러운 종목까지 급등에 동참했다. 어떤 회사의 대표가 OO대학교 출신이라는 이유만으로 주가가 급등한 바 있는데, 이와 같은 경우가 바로 고점 징후다.

메르스바이러스 관련주도 말도 안 되는 내용의 종목들이 급증하면서 고점이 형성되었고, 에볼라 바이러스 테마주 역시 억지스러운 종목들까지 편입되면서 고점이 형성되었다.

자회사가 OO사업을 하고 있다는 이유로 단타꾼이 유입되는 종목까지 발생한다면 테마주의 끝으로 판단해도 무방하다.

이것은 시세가 클라이맥스에 다다르면서 투자자들이 이성을 잃을 때 나타나는 신호인 것이다. 그때는 매수가 아닌 매도 시점이 되는데 여기서 매수하면 단기간에 큰 손실을 입게 된다.

화장품 관련주가 급등했을 때도 억지스러운 종목들까지 덩달아 급등한 바 있다. 그런 종목들까지 모두 급등에 동참하면 그것이 테마의 끝을 알리는 신호가 된다.

하나의 테마가 탄생할 때 초기에는 실질적인 수혜주에 매수세가 대폭 몰리면서 1차 급등을 하게 된다. 주도주가 계속해서 상승하면 가격에 부담을 느낀 투자자들은 아직 오르지 못한 바닥권 수혜주를 찾아 나서게 된다.

중기까지도 실제 수혜주가 남아 있는 만큼 테마의 상승은 확산되지만, 수혜로 보기에는 억지스러운 종목들까지 급등에 동참하게 될 경우에는 조심해야 한다.

실제로 4대강 테마, 새만금 테마 등은 수혜주가 급등하다 나중에는 자회사

영역까지 확대되어 해당 종목들이 상승하면서 테마가 끝났다.

신종플루 테마의 경우 초기에는 손 소독제, 마스크, 백신기업 등의 주가가 급등했으며, 향후 자회사 및 극세사 기업의 주가까지 급등하면서 테마주의 끝을 알렸다.

비트코인 테마주의 경우에는 실제 비트코인 거래소 참여 업체들의 주가가 급등했고, 향후 자회사를 통해 진출하는 기업들까지 상승에 가세하면서 급락으로 돌변한 바 있다.

• 테마주가 끝날 때 주도주는 횡보 또는 우하향 하락하고 후발주는 수직 하락한다.

테마주 인생이 마감될 때 기존의 주도주는 우하향을 기록하게 되고, 후발주는 선도주 하락보다 강력한 수직 하락을 기록하게 된다. 따라서 테마주는 주도주를 매매해야 하며, 후발주는 단기수익만 노리고 빠져 나와야 한다. 후발주는 선도주의 눈치를 보게 되는데 선도주가 상한가에 진입하면 뒤늦게 상승하며, 선도주의 상한가가 풀릴 경우 후발주는 투자심리 불안으로 급변동을 보이게 된다.

4. 트렌드로 초대형 상승주를 잡는 방법

우리 주위를 둘러보면 돈은 저절로 보인다. 사람들의 행동 하나하나가 돈이 가리키는 방향을 알려주고 있으므로, 사람들의 소비 변화를 놓쳐서는 안 된다.

주식에서 돈 버는 방법은 의외로 간단하다. 대부분의 투자자들은 루머나 작전주를 좋아한다. 쉽게 갈 수 있는 길을 놔두고 이상한 길을 남들한테 물어 물어 어렵게 가는 것을 좋아하고 있는 것이다.

돈은 멀리 있지 않으며, 주식 시장에서 수익을 내는 게 그렇게 어려운 것은 아니다. 많은 투자자들이 작전주, 세력주에 대한 정보를 원하지만 그런 매매는 결국 부메랑이 되어 자신의 목을 베는 결과를 가져온다. 돈은 멀리 있지 않고 가까이 있음을 알아야 한다.

우리 주위를 둘러보면 돈은 저절로 보인다. 사람들의 행동 하나하나가 돈이 가리키는 방향을 알려주고 있으므로, 사람들의 소비 변화를 놓쳐서는 안 된다. 사람들의 행동과 소비 패턴은 주식에서 돈이 되기 마련이지만 이미 많은 사람들이 그 사실을 파악했을 때는 주가가 상투가 된다는 것을 알아야 한다.

어떤 제품이 유행하면 그 유행 초기에 주식을 매수해야 하며, 주식은 확산이라는 것을 좋아하므로 확산의 초기를 잘 봐야 한다.

지금부터 그와 같은 예를 한번 살펴보자.

1) 보톡스

보톡스 주사는 한때 연예인들의 전유물처럼 보였지만, 어느 순간 일반 사람들도 하나둘 맞기 시작했다. 바로 이때가 주식의 매수 타이밍이며, 주식은 사업이므로 초기 성장할 때 투자해야 큰 수익을 낼 수 있다. 한때 3만 원 하던 보톡스 제조업체 메디톡스의 주가는 60만 원을 넘어섰다.

보톡스는 초창기에 고가여서 연예인들의 전유물처럼 느껴졌지만, 가격이 하락하면서 본격적으로 대중화에 들어갔고, 메티톡스의 매출이 급증하여 주가는 초장기 상승을 기록하게 되었다.

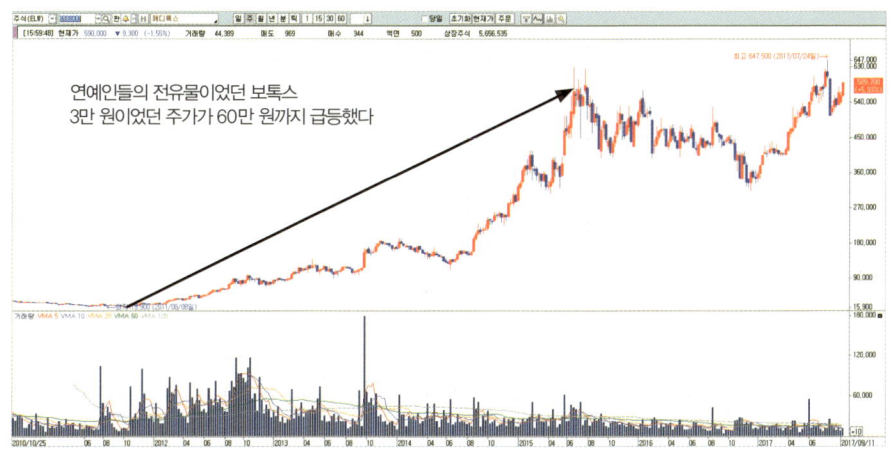

* 그림 2-6 메디톡스 주식 차트

2) 국순당

5~6년 전쯤 식당에 밥을 먹으러 가니 식탁마다 초록색 병이 놓여 있었다. 그게 무엇인가 보니 국순당 생막걸리였다.

이 광경을 보고 국순당 주가를 살펴보니 주가가 바닥에서 출발하는 모습을 보이고 있었다. 그 후 100% 급등이 나왔고 막걸리 열풍이 줄어들면서 주가는 하락했다. 만약 당신이 식사를 하기 위해 들른 식당에서 발생하는 이와 같은 광경을 보았다면 항상 어떤 주식이 수혜주인지를 생각해야만 한다.

3) 삼천리자전거

4대강 사업이 완성되고 인천에서 부산까지 자전거 도로가 생겼다. 공원과 도로에서 자전거 동호회로 추정되는 긴 행렬이 보이기 시작했고, 한강변에서 자전거 인구가 급증하는 것을 보았다. 그 후 삼천리 자전거는 8,000원대에 있던 주가가 3만 원 근처까지 상승하는 모습을 보였다.

* 그림 2-7 삼천리자전거 주식 차트

4) 삼양식품

팔도식품의 꼬꼬면 열풍 이후 삼양식품에서 나가사끼 짬뽕이 나오면서 마트에서 이것을 사기 위한 전쟁이 벌어지기 시작했다. 사람들의 입소문을 타면서 판매가 증가했고, 이때 삼양식품은 300% 이상 상승이 발생했다.

지금도 그런 모습들은 심심치 않게 볼 수 있으며 앞으로도 획기적인 상품이 나올 때마다 사람들이 줄을 서서 사는 모습을 볼 수 있을 것이다.

만약 당신이 그런 모습을 보고 그냥 소비자만 된다면 주식으로 돈을 벌 수 없다. 주식 투자자는 사업자로서 소비자들의 움직임을 파악해야 한다.

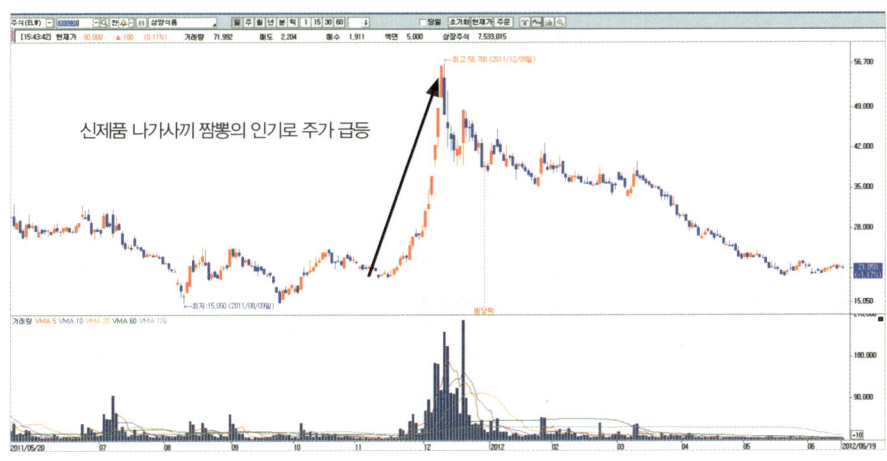

* 그림 2-8 삼양식품 주식 차트

5) 위닉스

2014년 습한 장마가 장기간 지속되면서 한때 주부들 사이에서 제습 열풍이 불었다. 내 주위의 사람들이 하나둘씩 제습기를 장만하기 시작했다면 주식 투자를 하는 사람의 입장에서는 위닉스의 주식을 매수하는 것이 맞다. 물론 주가를 보고 저점에서 100% 이상 상승했다면 매수하지 않는 것이 좋겠지만 상승 초기라면 저위험 고수익 구간이므로 과감하게 매수에 가담하는 것이 좋다.

그 당시 위닉스 주가는 500% 상승했다.

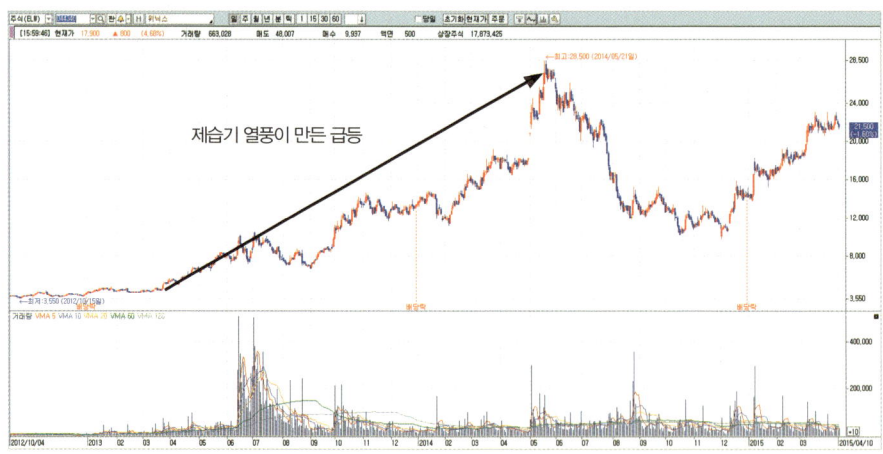

* 그림 2-9 위닉스 주식 차트

6) 우리기술투자

우리기술투자는 비트코인 거래소 업비트 운영사의 지분을 보유했다는 이유로 주가가 10배 이상 급등했다. 비트코인 가격이 100배 이상 상승하면서 비트코인은 전 국민의 화두가 되었고, 대학생, 주부들까지 비트코인 매매에 가담할 정도로 광풍이 불었다.

대부분의 투자자들이 비트코인을 매수한 이후 비트코인 가격은 50% 급락했지만, 비트코인에 투자한 기업들의 주가는 300% 이상 상승했다.

결과적으로 본다면 비트코인을 매수하지 않고 주식 시장에서 그 수혜주를 매수했다면 오히려 큰 수익을 얻을 수 있었을 것이다.

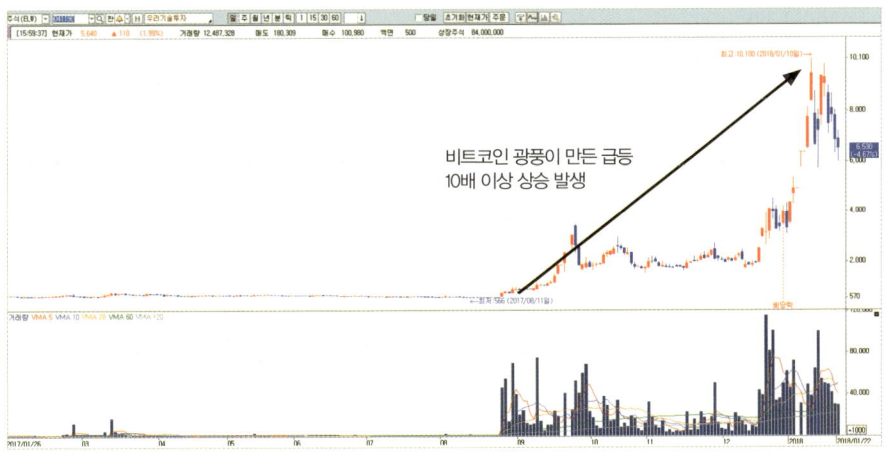

* 그림 2-10 우리기술투자 주식 차트

    불과 몇 년 전 허니버터칩이 품절 상태를 보이며 웃돈이 얹히는 현상이 발생했다. 그야말로 광풍이 불었던 것이다. 그 과자를 만든 해태제과는 비상장이었지만 해태제과를 보유하고 있었던 크라운제과는 300% 가량 주가가 상승했다.

    그와 같은 사례는 이 외에도 수없이 많다.

    15년 전 김치냉장고가 인기몰이를 시작할 때 김치냉장고의 부품사인 이젠텍의 주가가 폭등했고, 디스플레이가 LCD에서 OLED로 변화하기 시작하면서 OLED 장비주와 소재주가 수백%씩 상승했다.

    1박 2일 등 국내여행 프로그램이 인기를 끌면서 트래킹 바람이 불었고, 아웃도어가 불티나게 팔리면서 영원무역 주가도 수백% 상승했다.

    또한 모바일게임이 유행하면서 게임주가 수백%씩 폭등했고, 배틀그라운드라는 게임이 글로벌 흥행을 기록하면서 블루홀 주식을 보유한 넵튠이라는 기업의 주가는 200% 상승했다.

최근에는 빨래건조기가 입소문을 타기 시작하면서 수혜주인 신성델타테크가 급등했고, 비트코인 광풍이 불면서 비트코인 관련주도 큰 상승세를 기록했다.

지금 이 책을 보고 있는 당신도 주위를 한번 살펴보기 바란다. 사람들이 어떤 신제품에 관심을 갖는지 하나하나 살펴보면 이런 급등주를 저점에 잡을 수 있을 것이다.

5. 대세 상승장과 하락장 종목 선정법

주식 시장에도 가격의 한계라는 것이 반드시 존재한다. 아무리 명품이라 하더라도 거품이 과도하게 발생하면 가격의 한계를 느낀 투자자들이 서서히 고점에서 주식을 매도하며, 또 다른 먹거리를 찾아 나서게 된다. 그때 급등하는 것이 바로 중소형주다.

시세의 모든 흐름은 똑같다. 대세 상승 시기에는 명품이 뜨고 하락 시에는 싸구려가 뜬다.

대세 상승이 발생할 때는 시장에 큰 자금이 유입되고 있는 것인 만큼 고가 명품주가 급등세를 기록하게 되며, 비싼 게 좋다는 인식이 투자자들 사이에 퍼지게 된다.

주식으로 이해하는 것이 어렵다면 부동산 시장을 떠올려 보기 바란다.

부동산 시장이 호황일 때는 어떤가? 무조건 대형 평수가 좋다며 대형 평수만을 고집하게 되고, 신규 분양시장도 대형 평수의 분양 규모를 큰 폭으로 늘리게 된다. 그리고 당분간 이런 대형 평수가 부동산 시장을 이끌었다. 하지만 부동산 시장의 주춤해지면서 소형 평수가 인기를 끌기 시작했고, 부동산 시장이 하락기에 접어들면서 아주 작은 연립주택이 2~3배씩 상승세를 기록한 바 있다.

이것은 투자자들의 심리를 분석해 보면 예측이 가능한 부분이다. 가격이라는 것은 아무리 좋다고 해도 끝없이 상승할 수는 없으며, 언젠가는 하락 전환하게 된다. 거품이 생긴 만큼 하락하는 것이 가격 시장의 기본 원리이다.

대형 평수가 급등하다 한계에 도달하면 고점에서 매도한 투자자나 투기 세력들은 대형 평수가 급등할 때 오르지 못했던 소형주택으로 서서히 옮겨가게 된다. 그리고 이런 인식이 확산되면서 발 빠른 투자자들이 대형 평수를 매도하고 소형 평수로 갈아타게 되면 대형 평수와 소형 평수의 가격 불균형이 해소된다. 이때 소형 주택 시장에서 2~3배 상승이 발생하게 된다. 그리고 소형까지 급등하게 되면 당분간 침체 시장이 오게 된다. 향후 주택 시장이 다시 상승한다면 당연히 대형 평수가 시장을 주도하게 될 것이다.

최근 부동산은 고가주택이 급등했지만 향후 시장이 꺾이면 소형 주택이 상승할 수 있다.

이런 돈의 흐름을 빨리 읽고 먼저 선점하고 있다면 아마도 남들보다 큰돈을 벌 수 있을 것이다.

주식 시장도 마찬가지다. 지수 상승 시기에는 삼성전자, 현대차, 포스코와 같이 비싸고 시가총액이 큰 종목들이 상승하게 된다. 2010년, 2017년 주식 시장이 바로 그런 시장이다. 급등한 종목이 계속 급등하고, 비싼 종목이 계속해서 급등하는 것이다. 즉 명품 주식이 계속해서 상승하게 되는 것이다.

주식 시장에도 가격의 한계라는 것이 반드시 존재한다. 아무리 명품이라 하더라도 거품이 과도하게 발생하면 가격의 한계를 느낀 투자자들이 서서히 고점에서 주식을 매도하며, 또 다른 먹거리를 찾아 나서게 된다. 그때 급등하는 것이 바로 중소형주다. 그리고 마지막은 초저가주 및 부실주까지 급등하게 되고 이후 침체 시장으로 빠져들게 된다.

대형주의 PER가 10배 이상인데 소형주의 PER가 10배 이하에서 거래되고 있다면 이런 불균형 시장을 메이저 세력들이 가만히 놔둘 리가 없다. 대형주의 가격 상승에 한계가 느껴지는 시점에서는 바로 이런 종목들로 투자자들이 옮겨오게 되며, 주가 상승폭도 2~3배씩 나타날 가능성이 높다.

지금 당신의 계좌를 확인해 보기 바란다. 대세 상승장에서 저가주를 보유하고 있거나 대세 하락장에서 대형주를 보유하고 있다면 당장 포트를 변경해야 할 것이다.

6. 시장 주체별 주도주 선별 공식

기관들은 외국인의 비중이 비교적 적고 물량 압박이 크지 않으며 실적 및 성장성을 겸비한 종목을 주로 매수하게 된다. 기관화 장세가 연출될 경우 가치주와 성장주가 급등하게 되며 상승 파동이 초장기로 진행된다.

주식 시장을 이끄는 주체는 변화한다. 대세 상승장은 외국인과 기관이 주도를 하게 되며, 하락장은 개인이 매수하는 경우가 많다. 따라서 연속 매매 일수로 보고 외국인이 매수하는지, 기관이 매수하는지를 먼저 판단해야 하며, 포트도 그들이 좋아하는 종목으로 변경해야 주도주를 잡을 수 있다.

주식 시장은 크게 외국인, 기관, 개인이라는 매수 주체가 있다. 이들 매매 주체에 따라 주도주가 변하게 되므로 이들이 선호하는 종목들을 공략해야 시장에서 성공할 수 있다.

개인이 시장을 주도하는 경우는 많지 않으나, 개인이 연속 매매를 할 때는 소형주에서 가장 화려한 수익을 제공한다. 이런 시장에서 외국인이 선호하는 대형주를 우량주로 보고 보유했다가는 시장에서 철저하게 외면당할 수 있다. 그만큼 시장의 매수 주체가 누구이고 어떤 종목을 매매해야 하는지는 매우 중요하다.

1) 외국인 투자자가 매수 주체인 경우

2017년 주식 시장은 외국인이 이끌었고, 당시 주가 상승의 주체는 삼성전자, SK하이닉스 등으로 압축되어 그들만의 리그가 된 바 있다. 이때 소형주를 보유했다면 시장 상승에도 손실이 발생하게 된다. 비싸도 그들이 사는 종목을 매수해야 한다.

외국인의 입장에서 생각해 보면 간단하다.
우리가 잘 알지 못하는 신흥시장 또는 해외 주식을 매수할 때 어떤 종목을 사겠는가? 잘 알지 못하는 소형기업을 매수할 자신이 있는가? 절대 못할 것이다. 외국인도 마찬가지다. 가장 널리 알려져 있는 유명 기업을 매수할 수밖에 없다. 따라서 외국인이 시장을 이끌어가는 장세에서는 한국의 대표 기업들이 상승할 수밖에 없다. 그 종목들이 비싸도 외국인의 자금이 들어오는 이상 그들은 자신들이 보유한 기업의 주식을 사게 될 것이다.

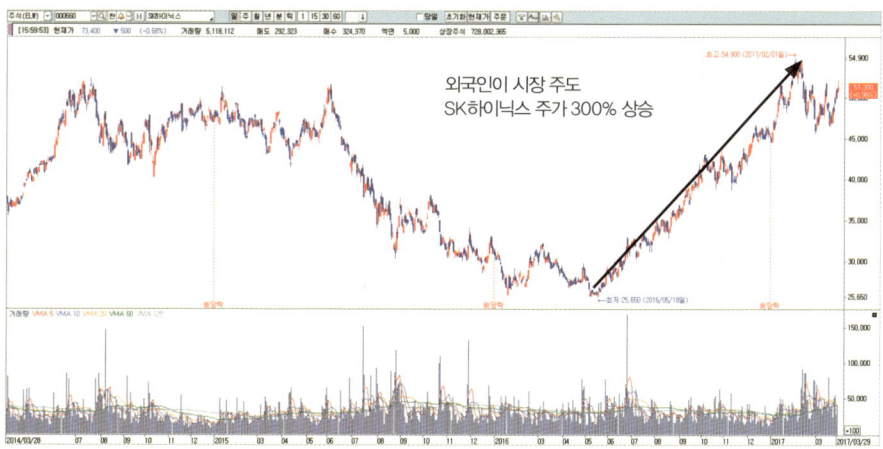

* 그림 2-11 SK하이닉스 주식 차트

외국인이 시장을 주도할 때의 탑픽 종목(업종 대표주만 보면 된다)

전기전자: 삼성전자, 삼성전기, 삼성SDI, LG전자
금융주: 대형은행
자동차: 현대차, 기아차, 현대모비스 등
철강: 포스코
유통: 신세계, 현대백화점
건설: 현대건설, GS건설
음식료: CJ제일제당
화학: LG화학 등

위 종목들이 업종별 외국인 선호종목들이다. 따라서 외국인이 시장을 주도할 때는 이런 종목을 매수하면 된다.

2) 기관이 시장의 주체로 떠오르는 경우

기관은 시가총액 5,000억~10조원 사이의 옐로우칩을 선호하는 경우가 많다. 그래서 기관이 매수하는 시장에서는 수익을 올리기 쉽다.

기관은 포트를 구성해야 하는 만큼 대형주, 중형주를 균형 있게 매수하지만 시장을 주도하지는 못한다. 기관은 외국인 선호주를 매수하긴 하지만, 그 종목들을 급등시키는 경우는 많지 않다. 기관이 매수하면 외국인이 대량으로 매도를 하기 때문이다. 이런 이유로 기관은 2등주(옐로칩)를 매수하게 된다.

기관들은 외국인의 비중이 비교적 적고 물량 압박이 크지 않으며 실적 및 성장성을 겸비한 종목을 주로 매수하게 된다. 기관화 장세가 연출될 경우 가치주와 성장주가 급등하게 되며 상승 파동이 초장기로 진행된다.

기관 선호 옐로칩 탑픽 종목(기관은 일명 그룹주를 좋아한다)

LG그룹주 중 옐로칩: LS산전, GS, LG, LG상사 등
현대그룹주 중 옐로칩: 현대미포조선, 현대건설, 현대제철, 현대모비스 등
두산그룹주: 두산중공업, 두산인프라코어, 두산 등
한화기업: 한화케미칼, 한화 등
삼성그룹주: 삼성중공업, 삼성엔지니어링, 삼성전기, 삼성SDI 등

기타 자산주, 코스피, 코스닥 50종목~100종목들 사이를 공략한다.

3) 개인투자자는 응집력이 없다

개인들은 시장이 급등하고 상투를 형성하기 직전에 시장을 주도하는 경우가 많지만, 그 기간이 극히 짧다. 시장 급등으로 고객예탁금이 단기적으로 급증할 때가 개인이 주도하는 장세이다. 이때 테마주가 폭발하며 상한가 종목이 속출한다.

이 시기는 초단기 대박이 자주 탄생하는 시기이기도 하다. 개인이 주도하는 장세에서는 시가총액 5,000억 이하의 중소형주가 폭등하는 경우가 많으므로 개인이 매수 주체로 잡히는 경우는 중대형주보다는 시가총액 2,000억 이하의 종목을 단기 매매 하는 것이 좋다.

7. 재고자산만 잘 봐도 돈이 보인다

현재 기업 실적이 좋아도 재고자산이 증가하고 있다면 향후 1~2년 내에 수익성이 악화될 수 있다. 현재 실적이 좋아도 주가가 하락하는 경우가 많은데, 나중에 보면 결국 실적도 악화된다. 반면 지금 실적은 나쁘지만 재고자산이 1~2년간 감소했다면 재고 조정이 끝나고 있다는 뜻이 되며, 이때를 잘 노리면 중장기적으로 큰 수익이 가능하다.

재고자산으로 중장기 투자하기

일단 재고자산이 무엇이고 어디서 봐야 하는지부터 알아야 한다. 재고자산이란 유동자산 중 상품이나 제품과 같이 재고 조사에 의해 실재의 현 재고를 확인할 수 있는 자산을 말하며, 재고자산 평가는 취득시의 원가액으로 기장된다.

기말 현 재고 부분은 원칙적으로 그 원가액대로 평가하는 원가주의 평가방법이 채용되며, 시가(時價)가 하락했을 때에는 시가를 따라 절하해도 좋다는 저가주의 평가가 병용된다.

증권회사의 상품인 유가증권, 부동산 매매 회사가 정상적인 영업과정에서 판매를 목적으로 취득한 토지와 건물 등은 재고자산으로 처리된다.

재고자산은 유동자산에 포함되므로 기업 분석에서 유동자산 항목을 보면 된다.

IFRS(연결)	2014/12	2015/12	2016/12
자산	13,941	22,210	23,897
유동자산	6,866	12,608	14,139
재고자산	2,151	3,899	4,806
유동생물자산			
유동금융자산	628	579	732
매출채권및기타유동채권	1,732	3,249	3,518
당기법인세자산	6	21	19
기타유동자산	332	327	455
현금및현금성자산	2,018	4,534	4,610

* 그림 2-12 유동자산 재무제표

현재 기업 실적이 좋아도 재고자산이 증가하고 있다면 향후 1~2년 내에 수익성이 악화될 수 있다. 현재 실적이 좋아도 주가가 하락하는 경우가 많은데, 나중에 보면 결국 실적도 악화된다. 반면 지금 실적은 나쁘지만 재고자산이 1~2년간 감소했다면 재고 조정이 끝나고 있다는 뜻이 되며, 이때를 잘 노리면 중장기적으로 큰 수익이 가능하다.

아래 종목은 재고자산 급감 후 주가가 상승 전환된 경우이다.

S-OIL의 경우를 한번 살펴보자.

2013년~2014년까지 S-OIL 주가는 큰 폭의 하락을 기록했고, 2년간 재고자산이 크게 감소하는 모습을 보였다.
재고자산이 크게 감소하면 재고 조정이 마무리되고 기업 실적이 호전되면서 주가가 상승 전환될 가능성이 높다.

* 그림 2-13 S-OIL 주식 차트

    현재 실적이 좋음에도 불구하고 주가가 급락하는 종목들이 많은데 이런 하락을 피할 수 있는 방법이 바로 재고자산이다.

    한샘의 경우를 보면 실적이 최고치를 경신하는 시점에도 주가가 급락했음을 볼 수 있다. 이때 한샘의 영업이익은 최고치를 기록하긴 했지만, 재고자산이 급증하기 시작했고 그전부터 주가는 급락하고 있었다.

IFRS(연결)	2014/12	2015/12	2016/12	2017/09
매출액	13,250	17,105	19,345	15,725
매출원가	9,171	11,851	13,358	11,079
매출총이익	4,079	5,255	5,988	4,646
판매비와관리비	2,975	3,787	4,392	3,587
영업이익	1,104	1,467	1,596	1,060

* 그림 2-14 한샘의 재무제표

한샘의 영업이익을 보면 2016년까지 영업이익이 좋았다.

한샘의 주가는 2015년부터 급락으로 돌변했는데 보통 투자자들은 이때 주가가 저평가되었다는 생각으로 하락 초기에 매수하는 경우가 많다.

* 그림 2-15 한샘 주식 차트

한샘의 재고자산을 보면 2014년 대비 2015년에 크게 급증했음을 볼 수 있다. 이 정도 되면 1~2년 안에 실적이 나빠질 것이라고 예측해야 한다.

IFRS(연결)	2014/12	2015/12	2016/12
자산	5,440	7,688	8,994
유동자산	2,601	4,603	5,544
재고자산	426	635	676

* 그림 2-16 한샘의 재고자산을 나타낸 재무제표

그림 2-17의 영원무역 재고자산을 보고 매수를 해야 할지 말아야 할지를 판단해 보자.

IFRS(연결)	2014/12	2015/12	2016/12
자산	13,941	22,210	23,897
유동자산	6,866	12,608	14,139
재고자산	2,151	3,899	4,806
유동생물자산			
유동금융자산	628	579	732
매출채권및기타유동채권	1,732	3,249	3,518
당기법인세자산	6	21	19
기타유동자산	332	327	455
현금및현금성자산	2,018	4,534	4,610

* 그림 2-17 영원무역의 재고자산을 나타낸 재무제표

그림 2-17을 보면 2014년을 저점으로 재고자산이 2년째 증가하고 있다. 한때 2,100억대였던 재고자산이 4,800억까지 급증하고 있는 상황이다.

이것은 영원무역의 제품이 잘 팔리지 않고 있음을 뜻하는 것으로, 현재 실적은 좋아도 향후 실적이 나빠질 수 있다고 판단해 볼 수 있다.

같은 시기 영원무역의 실적 재무제표를 보면 매출액은 증가하고 있지만 영업이익은 크게 개선되지 못하고 있음을 알 수 있을 것이다.

IFRS(연결)	2014/12	2015/12	2016/12	2017/09
매출액	12,463	15,849	20,016	15,567
매출원가	9,089	11,357	14,746	11,343
매출총이익	3,375	4,493	5,270	4,224
판매비와관리비	1,520	2,524	3,475	2,621
영업이익	1,855	1,968	1,794	1,603

* 그림 2-18 영원무역의 영업이익을 나타낸 재무제표

그림 2-19의 영원무역 주식 차트를 보면 바닥을 치고 상승하는 초기 모습처럼 보일 수 있다. 만약 재고자산 분석이 없다면 이 종목을 매수하게 될지도 모른다.

필자는 이런 경우 일시적 상승은 나와도 큰 수익을 내기는 어렵다고 판단하여 향후 재고자산이 감소하는 것을 확인하고 매수에 가담할 것이다.

* 그림 2-19 영원무역 주식 차트

8. 산업사이클을 이용한 주도주 잡는 법

테마주는 일장춘몽이지만 산업은 장기 상승 파동이 발생하게 된다.
신기술 도입 단계에서는 테마주가 되지만 신기술이 대중화되면 산업이 되는 것이다.

주식은 기술적 분석만으로 큰 수익을 올릴 수 없다. 기술적 분석은 타이밍과 전략을 짜는데 도움이 될 뿐 큰 흐름은 예측할 수 없다. 산업의 사이클과 주가의 상관관계를 알아야 큰 흐름을 예측할 수 있고, 저점 매수, 고점 매도를 통해 수익을 극대화시킬 수 있다.

주가의 대세 상승은 신기술에서 자주 탄생한다.

주식 시장에는 기업 내용과 관계없이 끝없는 상승세를 기록하는 경우가 많기 때문에 필자는 '주식은 꿈을 먹고 산다'는 표현을 자주 쓴다. 즉 현재의 기업 내용은 이미 주가에 반영되어 있어 향후 미래에 대한 기대감이 커져야만 주가 상승이 지속될 수 있다는 것이다.

꿈에서 깨어나는 순간 그 주가는 물거품처럼 꺼져 대폭락의 기로로 접어들게 되지만 이런 주가의 흐름을 알 수 있다면 상투 매수의 위험에서 어느 정도 벗어날 수 있을 것이다.

여기서 꿈이란 희망을 뜻하며, 주식에서의 꿈은 신기술을 의미한다.

인류는 항상 새로운 것을 원하며, 좀 더 편하고 안락한 삶을 추구하는 만큼 이와 관련된 기술들이 끊임없이 개발된다. 지금까지 없었던 기술이 개발되는 것이 바로 신기술이다. 통신의 발달, 의학의 발달, 에너지, 전기전자의 발달 등이 이에 속한다.

인류가 멸망하지 않는 한 신기술은 계속 개발될 것이며, 그에 따라 주식 시장에서 끊임없이 급등주가 탄생하게 될 것이다.

예를 들어 인터넷이라는 거대한 신기술이 개발됐을 때 주식 시장은 열광의 도가니에 빠지며 매일같이 상한가를 기록했다. 그리고 핸드폰이 대중화되면서 통신 관련 종목에서 급등이 발생했고, 통신기술이 발달하면서 주기적으로 급등주 사이클이 발생하고 있다.

2G, 3G, 4G, 5G 통신으로 진화할 때마다 관련주 상승은 지속적으로 발생했다.

인류의 영원한 꿈인 장생과 관련된 바이오는 줄기세포의 개발과 함께 어마어마한 상승을 기록하기도 했고, 항암 치료, 면역세포 치료 관련 기업들의 주가가 큰 폭으로 상승한 바 있다.

신기술의 도입 과정은 크게 도입기-성장기-성숙기-쇠퇴기로 나누어진다.

각 단계별 특징과 주가의 흐름을 보면 아래와 같다.

1) 도입기

도입기는 신기술이 개발되어 새롭게 알려지기 시작하는 단계로, 주가의 강한 상승이 발생하기도 하지만, 상승폭이 100~200% 미만으로 그치는 경우가 대부분이다.

도입기는 신기술이 개발되어 소개되는 단계로, 사업의 성공 여부가 불투명한 단계이다. 따라서 언제든지 사업 실패의 가능성이 있다.

주가 상승은 오랜 기간 지속되지 않으며, 일부 전문적인 투자자만이 이런 정보를 알 수 있다. 예를 들어 DMB 사업을 보면 도입기 당시 큰 호응을 얻었지만 사업성이 불투명해서 관련 종목들의 주가는 큰 하락세를 기록했다.

산업 사이클상 도입기에는 산업이 아닌 단순 테마주 형태로 주가가 상승한다. 최근 수소자동차 관련주가 급등한 것 또한 이 때문이다. 이것이 바로 도입기이고 테마주가 되는 것이다. 전기차도 7~8년 전에 급등한 적이 있었지만, 그 당시에는 산업이 아닌 테마주로 상승했다. 현재 전기차 산업은 도입기를 지나서 성장 산업으로 분류되고 있다. 수소차는 아직 시기상조인 만큼 테마에 불과하며 자율주행차 역시 도입기이므로 테마주에 불과하다.

테마주는 일장춘몽이지만 산업은 장기 상승 파동이 발생하게 된다.

신기술 도입 단계에서는 테마주가 되지만 신기술이 대중화되면 산업이 되는 것이다.

2) 성장 초기

신기술의 사업성이 검토되어 상용화에 진입하는 단계로, 사업의 불투명성이 제거되면서 본격 상용화 단계로 진입하는 것이다. 이때 많은 투자자들이 참여하게 된다. 성장 초기는 얼리 어답터나 정부의 자금 지원으로 수요가 발생하는 시점이라고 보면 된다. 많은 투자자들이 관심을 보이는 단계로 주가 또한 가파르게 상승한다.

전기차가 바로 그런 것이다.

전기차는 이미 7~8년 전에 소개되었지만 성과를 내지 못했다. 그런데 이제야 우리 곁으로 오면서 산업이 되고 있는 것이다. OLED 디스플레이도

2003년 기술 개발이 되었을 당시 테마주로 상승했지만, 2010년에 본격 상용화가 시작되면서 산업으로 분류되어 2~3년간 장기 상승 파동이 발생한 바 있다.

전기차 관련주인 에코프로를 예를 들어보자.

에코프로는 2차전지용 양극화물질을 생산하는 기업이며, 전기차의 핵심인 2차전지 시장 성장의 최대수혜주로 분류되는 기업이다. 전기차가 처음 소개되기 시작한 2010년 초반에 에코프로는 테마주로 상승했고, 전기차 상용 단계에는 산업으로 분류되어 초장기 상승 파동이 시작되었다.

* 그림 2-20 에코프로 주식 차트

서울반도체의 경우를 한번 살펴보자.

서울반도체는 광반도체 응용 부품 국내 최대 메이커로써 국내시장 점유율 20% 이상을 차지하는 기업으로 LED 관련 국내 1위 기업이다. LED 조명은 2007년 소개되었고, 2010년에 정부 주도로 1차 성장이 발생했다. 2013년에

LED 조명 단가가 하락하면서 대중이 본격적으로 사용하게 되었고, 또 한 번의 상승이 발생했다.

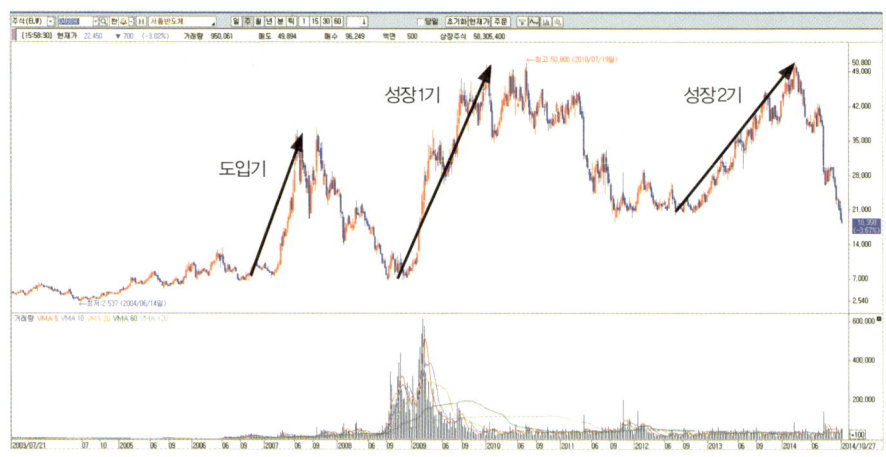

* 그림 2-21 서울반도체 주식 차트

　　5G 통신도 기술 소개는 4~5년 전에 도입되었지만 지금은 본격 상용화를 앞두고 있다. 4~5년은 테마주로 일시적 상승에 그쳤지만 본격 상용화를 앞두고 주가는 1~2년간 장기 상승을 기록했다.
　　통신장비 업체인 케이엠더블유의 차트를 보면 3번의 파동이 있었음을 볼 수 있다. 이때가 바로 3G 통신, 4G 통신, 5G 통신으로 변화하는 시점이었다.

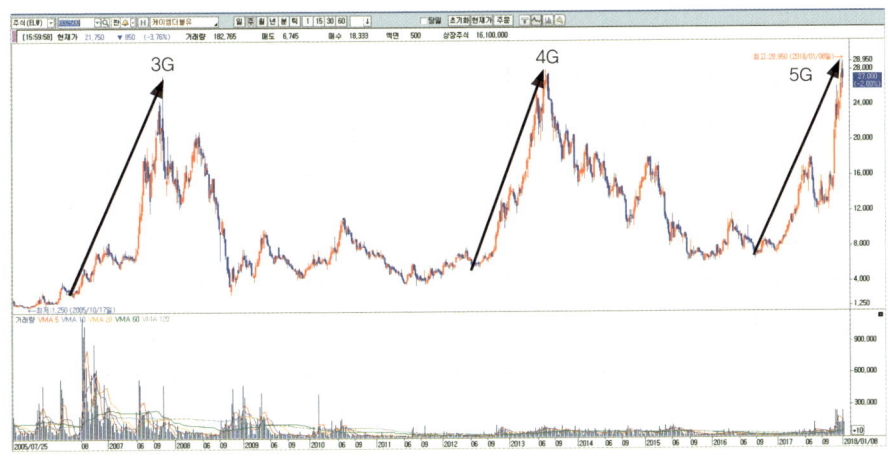

* 그림 2-22 케이엠더블유 주식 차트

3) 본격 성장기

신기술이 상용화 단계를 거쳐 본격 성장하는 단계는 2차 성장이 발생하는 시기라고 볼 수 있다. 이때에는 묻지마 투자가 성행하며 주가의 이상 급등이 자주 탄생하게 된다.

여기저기서 돈 되는 사업으로 소개되며 주가가 끝없이 상승할 것처럼 보인다. 이때 기업들은 부채를 늘려 공급을 대량으로 늘리기 시작하며 실적도 폭증세를 기록하게 된다.

4) 성숙기

신기술이 대부분의 소비자에게 공급되는 단계이다. 살 사람은 다 샀고 성장률이 둔화되는 시기라고 볼 수 있다.

스마트폰의 예를 살펴보자.

스마트폰은 상용화 초기에 얼리어답터와 젊은 층에서 소비를 하면서 관련

주가 큰 상승을 기록했지만 이전 세대까지 스마트폰으로 교체하면서 관련주 주가가 급락을 시작했다. 이때 출혈 경쟁이 발생하게 되었고, 과도한 부채는 서서히 부담으로 작용하게 된다. 이 경우 주가는 우하향세를 기록하거나 장기간 박스권 횡보를 보이게 된다.

성숙기는 주식 투자에서 가장 조심해야 할 단계로 판단해야 한다.
즉 살 사람은 다 사서 추가로 구매할 소비자가 줄어드는 시점으로, 주식에서 가장 중요한 꿈이 없어지는 단계이며 성장률이 둔화되는 시기이다.
이때 기업들의 실적은 최고조에 달하지만 그 후 하락세로 접어들게 된다. 실적이 아무리 좋아도 주가가 오르지 못하는 이유가 바로 여기에 있다.
실적을 보면서 투자하는 투자자들이 가장 당하기 쉬운 시기가 바로 성숙기로, 성숙기에 진입하는 산업 종목은 절대로 매수하지 않아야 한다.

스마트폰 관련 수혜주인 인터플렉스의 경우를 보면 그 무서움을 알 수 있다. 스마트폰이 본격 성장할 때 주가가 10배 이상 급등했고 실적도 폭증했지만 2013년부터 스마트폰 성숙기에 진입하면서 주가가 폭락했다.
이때 주가가 폭락하는 시기에도 인터플렉스의 실적은 최고치를 경신하고 있었다.

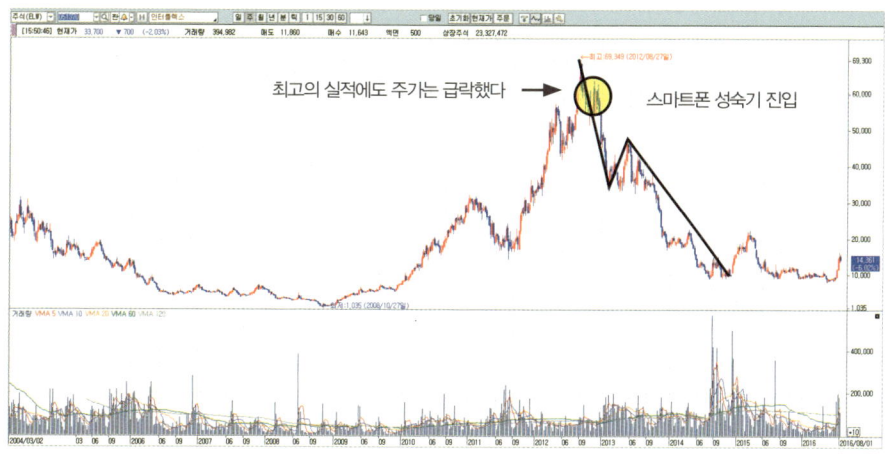

* 그림 2-23 인터플렉스 주식 차트

5) 쇠퇴기

신기술로서의 생명을 다하는 단계로 사양산업으로 전환되는 시기이다.

성장기, 성숙기에 급속도로 늘린 설비투자가 부담으로 작용하며, 공급이 수요를 크게 초과하는 단계이다. 과도한 부채로 출혈 경쟁 기업들의 자금 악화가 시작된다.

많은 중소기업들의 부도가 발생하는 시기가 쇠퇴기로, 주가도 끝없는 하락세를 기록하게 된다.

이때 유상증자 및 감자를 단행하는 기업들이 늘어나게 된다.

그림 2-24를 보면 산업사이클과 주가의 상관관계를 한눈에 파악할 수 있다.

주식 투자자에게 가장 큰 수익을 주는 구간은 도입기와 성장기인데 이 시기가 아니면 투자하지 않는 것이 성공투자의 지름길이 될 것이다.

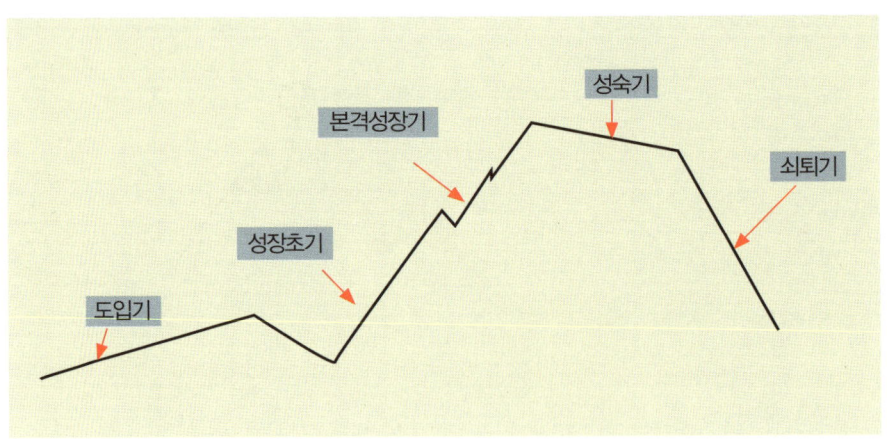

* 그림 2-24 신기술 도입 단계와 주가의 관계

9. 저PER주 공략법

급등했던 종목이 하락하면 저평가 매력은 없지만, 바닥권에서 급등하지도 않았던 저평가 종목이 갑작스러운 수급상의 이유로 급락했다면 주가가 하락할수록 저평가 매력이 발생하게 된다. 이때는 과감하게 분할로 매수해야 한다.

주식 투자에서 저PER(Price Earning Ratio, 주가수익비율)주가 과연 큰 수익을 줄 수 있는지를 물어 본다면 필자의 대답은 NO다. PER가 낮다는 것은 성장성이 정체되어 있는 종목일 가능성이 높다는 것이다. 고점에서 최고의 실적을 기록한 후 주가가 하락하면서 PER가 낮아지는 경우 미래 실적이 악화될 가능성이 높다고 판단해야 한다.

PER는 과거의 실적을 통해 산정하는 것이므로 미래 실적에 대한 전망은 사실상 불가능하다. 주가가 고점에서 하락하는 종목을 저PER주라고 매수했는데 6개월 후 그 기업의 실적이 크게 감소했다면 어떻게 될까? 과연 저평가된 주식이라고 볼 수 있을까?

PER를 비교하는 이유는 동종 업종 대비 고평가와 저평가를 판단하기 위한 것이며, 그 기업의 주식을 저평가라는 이유로 매수하기 위해 PER를 분석하는 것은 아니다.

매년 안정적인 실적을 올리고 있는 기업들이 PER가 낮다고 해서 매수한다면 과연 큰 수익이 날까? 현재 그 기업의 평가는 이미 주가에 반영되어 있는 것이며, 저평가가 해소되기 위해서는 새로운 성장 동력이 발생해야만 한다.

결국 기업의 가치는 현재 가치가 아닌 미래 가치를 보고 판단해야 한다는 결론이 나온다. 과거 데이터를 사용하는 PER는 상승장에서는 무용지물이 되고 만다.

시장이 상승할 때는 고PER주가 더 상승하는 것이 시장의 원리이므로 상승장에서 저PER주를 매수하는 것은 시장의 상승 원리와 반대되는 행동이라 볼 수 있다.

그렇다면 저PER주는 언제 매수하는 것이 좋을까?

1) 시장 투매와 함께 지수 급락시

저PER주는 실적이 좋음에도 불구하고 시장에서 외면을 받아 왔기 때문에 이미 저평가 상태다. 하지만 이런 종목들은 기본 실적이 있는 만큼 주가가 일정 부분 하락하면 그때부터 주가가 하락할수록 저평가 매력이 커지게 된다. 투매로 인해 급락하던 시장이 안정을 찾게 되면 가장 먼저 급등하는 종목이 저PER주다. 주가가 하락할수록 저평가 매력이 커져서 투자자들이 앞다투어 매수하기 때문이다. 이때 매수한 투자자들은 엄청난 수익을 거둘 수 있다.

예를 들어 2008년 금융 위기 당시 우리이티아이의 지수 급락 시 동사의 PER는 3배 이하까지 추락한 적이 있었다. 그 후 1년 사이 주가는 10배 가까운 급등이 발생했다. 그 외에도 기아차, 삼성엔지니어링 등 셀 수 없이 많았다. 이때가 바로 저 PER주를 매수해야 하는 시기다.

* 그림 2-25 우리이티아이 주식 차트

　　그림 2-25를 보면 투자자들의 무차별적인 투매로 인해 PER가 3배 이하까지 추락했다. 그 후 시장이 안정을 찾으면서 6개월 사이에 10배 정도 상승했다.

2) 급등하지 않았던 주가가 특정한 이유로 급락할 때

　　주가가 급등하고 나면 저평가 매력은 사라진다. 급등했던 종목이 하락하면 저평가 매력은 없지만 바닥권에서 급등하지도 않았던 저평가 종목이 갑작스러운 수급상의 이유로 급락했다면 주가가 하락할수록 저평가 매력이 발생하게 된다. 이때는 과감하게 분할로 매수해야 한다.

　　여기서 저평가는 절대적인 수치로 산정할 수 없으나 필자는 보통 PER가 5배 이하로 추락한 종목을 저평가로 판단한다. PER 5배 이하의 종목이 특정한 이유로 주가가 급락했다면 그때부터는 하락할수록 저평가 매력이 커지게 된다. 다시 상승하기까지 기다림이 필요하겠지만 안정을 찾으면 급등하는 경우가 많다.

일례로 이수화학은 PER 4배 이하로 이미 저평가 상태였지만 주가가 급락해서 PER가 2배 수준까지 떨어졌다. 그 후 주가는 100% 이상의 상승을 기록했다.

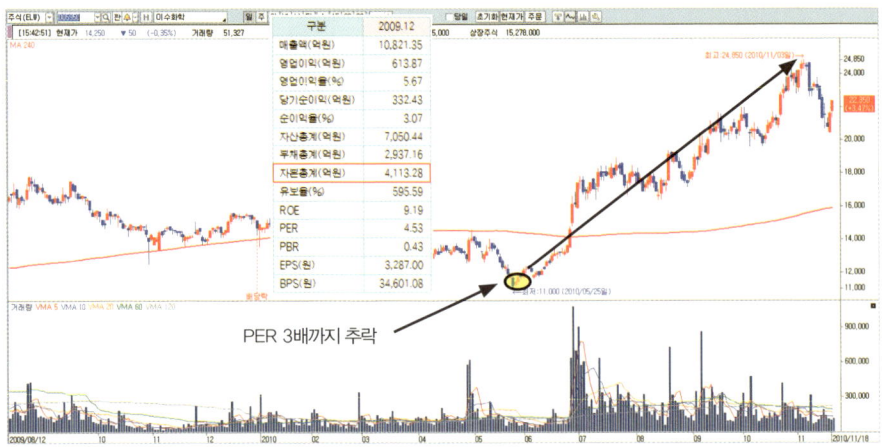

* 그림 2-26 이수화학의 주식 차트

그림 2-26을 보면 2009년 이수화학의 주당 순이익은 3,300원 수준으로, 주가가 1만 원 초반까지 하락했다. 결국 PER 3배까지 추락해서 저평가 매력이 확대되었고, 이후 주가는 6개월 이내에 150% 상승했다.

10. 상폐기업 사전에 피하는 공식

1,000원 이하의 종목들 중 상장주식수가 많은 종목은 대규모 유상증자를 한 경우가 많다. 유상증자를 했다는 것은 주주를 소중히 여기지 않는 기업이라고 봐야 한다. 따라서 1,000원 이하의 종목 중 상장주식수가 7,000만 주 이상인 종목은 감자의 가능성이 높아 고위험 종목이 된다.

감자, 유상증자, 횡령, 감사 의견 거절로 인한 퇴출 등 모두 메가톤급 악재다. 하지만 감자 폭탄을 피하는 방법 하나만 알아도 다른 모든 것을 피할 수 있다.

감자! 이 공시를 보면 가슴이 털썩 주저앉는다. 최소 하한가 두 번은 기본으로 안고 간다고 봐야 하기 때문이다. 어디 그뿐인가. 주가는 지속적인 하락세를 기록하게 되고 감자 이후에는 대규모 유상증자로 또다시 아픔을 겪게 된다. 그러나 감자는 조금만 조심하면 그 위험을 최소화 할 수 있다.

지금부터 감자에 대해 자세히 알아보자.

감자란 무엇인가?

일반적으로 감자(減資)는 실질적 감자와 형식적(또는 명목상) 감자로 구분한다.

실질적 감자는 자본을 감소시켜서 생긴 돈을 주주들의 지분 비율에 따라 지급하므로 실질적으로 자산 규모가 줄어든다. 주주들에게 보상 또는 환급한다는 점에서 유상감자(有償減資)라고도 한다.

실질적 감자는 기업 규모에 비하여 자본금이 과다한 경우에 자본금을 적정하게 줄임으로써 기업의 가치를 높이는 방편 또는 매각이나 합병을 용이하게 하기 위하여 기업의 규모를 줄이는 방편으로 활용된다. 실질적 감자를 하게 되면 주가에 큰 변화가 없다. 하지만 실제로 유상감자는 거의 없다.

이에 비해 형식적(명목상) 감자는 명목상으로만 자본금이 줄어드는 것으로, 실제 자산 총액에는 변함이 없다. 주주들에게 아무런 보상을 하지 않으며 환급을 하지 않는다는 점에서 무상감자(無償減資)라고도 한다. 무상감자는 통상 누적 결손금이 커질 경우에 자본금의 규모를 줄여서 회계 상의 손실을 털어내는 방편으로 이용되거나, 대주주들의 부실 경영에 대한 징벌적 수단으로 활용된다. 이것이 가장 무서운 것이다.

감자 기업의 통상적 절차

기업의 이익잉여금이 계속 적자를 기록하면서 자본금을 까먹게 되는 경우 자본 잠식이 된다. 자본 잠식 50% 이상이면 관리종목이 되며, 그 이상이면 퇴출도 될 수 있다. 따라서 자본을 줄여 자본잠식 상태를 벗어나고자 할 때 기업은 감자를 하게 된다.

적자 → 유상증자 → 주가 폭락 → 감자 → 자본금 감소, 주식수 줄임 → 감자차익 → 재무구조 개선 → 상장폐지 피함 → 2~3개월 후 보통 7/10 비율로 유상증자 → 주가폭락 → 자본금 회귀 → 자본잠식 → 퇴출 또는 상장 폐지

감자를 통해 자본금을 감소시켜 자본 잠식을 해소하고 유상증자를 하게 되면 다시 자본금이 증가하게 된다. 그로 인해 또다시 자본 잠식 상태에 빠지게 되면 결국 상장 폐지되고 만다. 따라서 자본 잠식 상태의 종목이라면 언제든

지 감자의 위험에 노출되어 있다고 봐야 한다. 주로 감사보고서 제출 이전인 10월부터 감자로 위기를 탈출하고자 하는 기업이 많다.

이익잉여금이 줄어드는 기업을 조심하라

자본 잠식 상태의 기업은 감자 위험이 높지만 자본 잠식 상태가 아닌 기업도 감자를 실시하는 경우가 있다. 바로 이익잉여금이 계속해서 적자를 기록하며 자본금과 자본 총계가 거의 일치하는 경우에도 기업들은 감자를 선택한다. 따라서 자본이 전액 잠식된 기업은 상장 폐지 위험이나 감사보고서 거절 가능성이 높으므로 당연히 조심해야 한다.

다음은 오성엘에스티의 감자 이전 재무제표이다.

이익잉여금이 적자로 돌변하면서 일부 자본잠식 상태에 빠지며 이미 감자를 예고했다. 결국 감자를 단행하여 감자 이후 자본잠식은 탈피했다. 이것만 잘 보아도 최소한 감자 위험을 피할 수 있다.

IFRS(연결)	2014/12	2015/12	2016/12	2017/09
자산	1,630	956	641	1,115
유동자산	355	545	266	619
비유동자산	1,275	411	375	496
기타금융업자산				
부채	500	374	221	350
유동부채	194	220	93	42
비유동부채	306	154		308
기타금융업부채				
자본	1,130	582	420	765
지배기업주주지분	1,130	582	420	765
자본금	620	620	720	1,021
신종자본증권				
자본잉여금	9,675	560	559	592
기타자본	-42	-42	-42	-42
기타포괄손익누계액	-0	0	-6	-7
이익잉여금(결손금)	-9,122	-556	-812	-799

(자본 총계가 자본금보다 감소함)
(이익잉여금 적자 누적)

* 그림 2-27 오성엘에스티의 재무제표

1,000원 이하의 종목 중 상장주식수가 7,000만 주 이상의 기업은 감자 위험이 높다

주식을 주가로 평가하는 경우가 많지만, 기업의 가치는 주가가 아닌 시가총액을 가지고 비교해야 한다. 한 기업의 진정한 가치는 시가총액을 통해 평가해야 진정한 가치를 산정할 수 있다. 기업을 인수할 때는 주가를 사는 것이 아니라 지분을 매수하는 것이기 때문이다.

과거 롯데제과의 주가는 120만 원으로 삼성전자보다 비싸지만 외형은 삼성전자의 1/8 수준에 불과하다.

1,000원짜리 기업의 상장주식수가 1억 주라면 이미 시가총액이 1,000억이 된다. 여기서 주가가 2,000원만 되어도 시가총액 2,000억이 되어버린다. 시가총액 100억에서 200억까지의 상승은 기업 실적에 큰 변화가 없어도 비교적 상승하기 쉽지만, 1,000억에서 2,000억으로 상승할 때는 반드시 기업의 실

적이 뒷받침되어야 한다.

보통 영업이익의 10배를 시가총액으로 평가하면 대략적으로 그 기업의 적정가로 본다.

시가총액 1,000억을 유지하려면 최소 50~100억 이상의 영업이익을 기록해야 하며, 2,000억을 유지하려면 최소 100~200억 이상의 영업이익을 유지해야만 주가가 유지될 수 있는 것이다.

오죽하면 주가가 1,000원도 되지 않았을까? 기업 실적이 좋지 않았기 때문에 유상증자나 주식 관련 사채로 인해 주식수가 많아진 것이다. 기업 실적이 좋아지지 않은 상황에서 1,000억에서 2,000억, 3,000억으로 시가총액이 증가한다면 과연 누가 그 기업을 살까?

200억을 그 기업에 투자했는데 한 푼의 배당도 받지 못한다면 누가 투자를 할 것인가? 상식적으로 생각해 보면 이해할 수 있는 내용들이다. 그리고 1,000원 이하의 종목들 중 상장주식수가 많은 종목은 대규모 유상증자를 한 경우가 많다. 유상증자를 했다는 것은 주주를 소중히 여기지 않는 기업이라고 봐야 한다.

따라서 1,000원 이하의 종목 중 상장주식수가 7,000만 주 이상인 종목은 감자의 가능성이 높은 고위험 종목이 된다.

알돈주깨2 알아두면 돈이 되는 주식 투자의 깨알 팁

아주 간단한 주식 매수 기법

펀더멘털이 좋은 기업은 내릴 때 사고, 나쁜 기업은 오를 때 사라!

테마주와 부실주들이 하락하면 그것만큼 무서운 것이 없다. 펀더멘털이 없기에 무너지면 바닥도 알 수 없이 급락하게 되는 게 부실기업이다. 따라서 펀더멘털과 관계없이 오르는 테마주나 이상소형주는 비싸게 매수해서 더 비싸게 매도하는 것이 좋다. 당신이 트레이더라면 비싸게 매수해서 더 비싸게 매도하는 게 맞다.

반면 펀더멘털이 좋은 기업, 성장성이 높은 기업은 신고가를 돌파하면서 상승할 때 매수하기보다는 이 책에서 배운 하락 파동의 저점을 이용해서 매수하는 것이 바람직하다.

아무리 좋은 기업도 반드시 조정을 거치게 되어 있으므로 달리는 말이 속도를 늦춰줄 때 매수해야 한다. 펀더멘털이 좋고 기업가치가 높은 기업은 반드시 다시 올라가기 때문에 이런 기업은 싸게 사서 비싸게 파는 방법을 추구해야만 한다.

주식을 추격 매수하는 것은 트레이더가 하는 것이다. 당신이 트레이더가 아니라면 펀더멘털이 우수한 기업의 주식을 싸게 살 기회를 노려야 한다.

지수 급락 후 상승 시는 실적주를 사라!

주식 시장에도 유행이 있다. 같은 전망을 가진 시장의 주도세력들은 비슷한 종목으로 몰려다니는 습성이 있다. 바이오업종의 주도주가 급등을 하면 비슷한 사업을 하고 있는 기업들의 주가에도 매수세가 유입된다. 즉 SK하이닉스와 같은 반도체 기업이 시장의 주도주로 떠오르면, 반도체 장비와 소재주가 상승에 동참한다.

반대로 주도주의 시세가 붕괴되면 뒤따라 올랐던 종목들도 순차적으로 하락한다. 주식 시장에서 엄청난 투매가 발생하면서 상상 이상의 폭락을 보였다면 언젠가는 추세 전환과 함께 급반등이 나오게 된다. 이때 조금만 더 객관적으로 생각할 수 있다면 정말 큰 돈을 벌 수 있다.

지수가 급락할 때는 우량주, 개별주, 부실주 할 것 없이 모두 폭락한다. 실적이 좋은 기업들의 주식도 예외없다. 이때 종목 사냥에 나선다면 어떤 종목을 사야 할까?

시장 대비 하락폭이 크다고 무조건 매수할 것이 아니라, 실적이 좋음에도 불구하고 시장이 급락해서 어쩔수 없이 하락했던 종목들을 사야 한다.

저PER 종목은 주가가 하락하면 하락할수록 저평가 메리트가 커진다. 즉 하락할수록 더 매수해야 하는 것이다. 특히 한국을 대표하는 명품 주식들은 손쉽게 돈을 벌 수 있게 해준다. 시장 폭락으로 명품을 싸게 판매하고 있는데, 좀 더 싸다는 이유로 싸구려 제품을 사지 않듯이, 시장 급락이 상당기간 진행되면, 미래의 성장성을 보고 매수할 것이 아니라 한국의 대표 명품주를 매수해야 한다.

Chapter 03

내가 사면 저점이 되는 마법 공식

상승 삼각형은 이론뿐만 아니라 실전에서도 유용성이 상당히 높은 패턴이다. 상승 삼각형은 대세 상승으로의 진입을 판단할 때 아주 유용하며, 실제로 저항선 돌파 시 장기 상승 추세로 이어지는 경우가 많은 패턴이다. 따라서 이 패턴을 잘만 이용할 수 있다면 대세 상승 초입에 매수에 가담할 수 있다.

1. 헌법선을 이용한 최저점 매수 공식

240일선은 반드시 상향 기울기로 전환되어 있어야만 한다. 240일선이 하락 기울기를 가지고 있다면 이것은 대세가 하락인 경우이므로 섣불리 저점 매수에 가담해서는 안 된다.

헌법선이란 240일 이동평균선을 뜻한다.

240일선은 초장기 이동평균선으로, 이 각도에 따라 대세가 결정된다. 상승 기울기를 보유하고 있다면 대세가 상승인 것이고, 하락 기울기를 보유하고 있다면 대세가 하락인 것이다.

따라서 240일선이 하락에서 상승으로 전환되는 시기에 주식을 매수하는 것이 좋으며, 상승에서 하락으로 전환되는 시기에는 단기 매매 이외에는 매수하지 않는 것이 좋다.

헌법선을 이용한 최저점 매수 공식은 대세가 상승으로 전환된 시점에서 주가가 일시적으로 240일선을 이탈하게 되면 주가가 다시 회귀하는 것을 이용한 매매방법이라 볼 수 있다.

매매 공식

상승하는 240일선에서 주가가 5~10% 이상 추가 하락하면 저점 분할 매수한다.

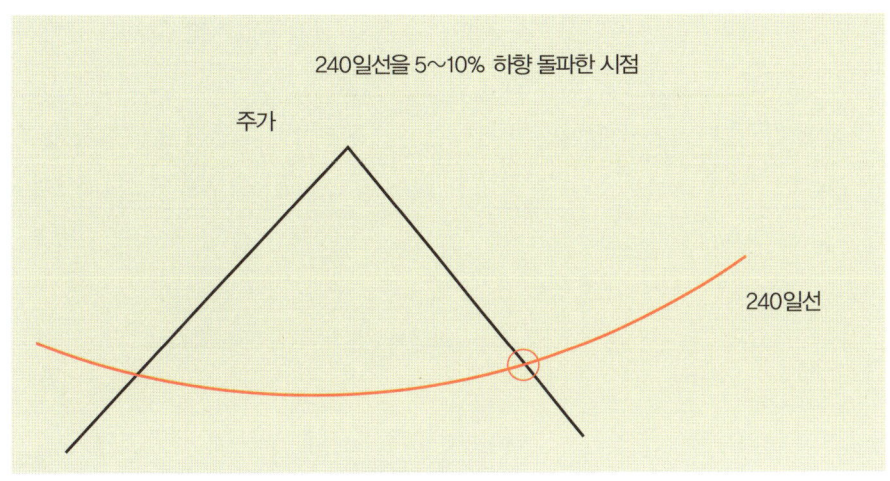

* 그림 3-1 240일선을 이용한 주식 매매 공식

이때 주의할 점은 바닥에서 첫 번째 하향 이탈할 때만 매수하는 것이 좋다는 것이다. 2번째는 확률이 떨어지며, 3번째 하락 시점에서는 매수하지 않아야 한다.

또한 240일선은 반드시 상향 기울기로 전환되어 있어야만 한다. 240일선이 하락 기울기를 가지고 있다면 이것은 대세가 하락인 경우이므로 섣불리 저점 매수에 가담해서는 안 된다. 백문이 불여일견! 실제 차트를 보면서 240일선을 이용한 주식 매매 공식을 이해해 보자.

그림 3-2는 웹젠이라는 종목이다.

웹젠은 국내 최초 Full 3D 온라인 게임 '뮤 온라인'을 시작으로, 'R2(Reign of Revolution)'와 다수의 PC온라인 RPG(Role Playing Game)와 모바일게임 등 다양한 게임을 개발, 퍼블리싱하고 있는 게임 전문 기업으로, 중국에서 이 기업의 IP를 활용한 게임 출시를 앞두고 있었다. 주가가 바닥에서 1차 급등이 발생하면서 240일선이 하락에서 상향 기울기로 전환되었지만 주가가 급락하면서 상승하는 240일선을 10% 이상 하향 돌파했다.

이때 겁내지 않고 분할 매수에 가담했다면 상위 1% 구간에서 매수하게 되는 것이다. 즉 헌법선을 이용한 최저점 매수 공식으로 이 종목을 매수했다면 당신은 상위 1%에 진입하는 것이다.

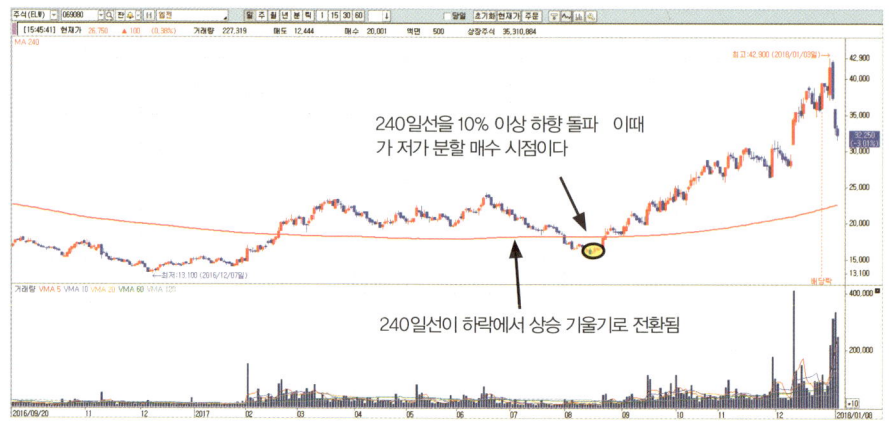

* 그림 3-2 웹젠 주식 차트

그림 3-3은 삼성엔지니어링의 차트다.

삼성엔지니어링은 중동지역 플랜트 전문기업으로 유가 하락으로 큰 위기를 겪었지만, 삼성전자의 유상 증자 이후 위기에서 탈출하는 모습을 보이다가 단기 급락이 발생하면서 상승하는 240일선을 일시적으로 하향 돌파하는 흐름이 나타났다. 이때 삼성엔지니어링 차트를 보면 상승하는 240일선을 10% 정도 추가 하락한 지점이 바닥이었음을 알 수 있다.

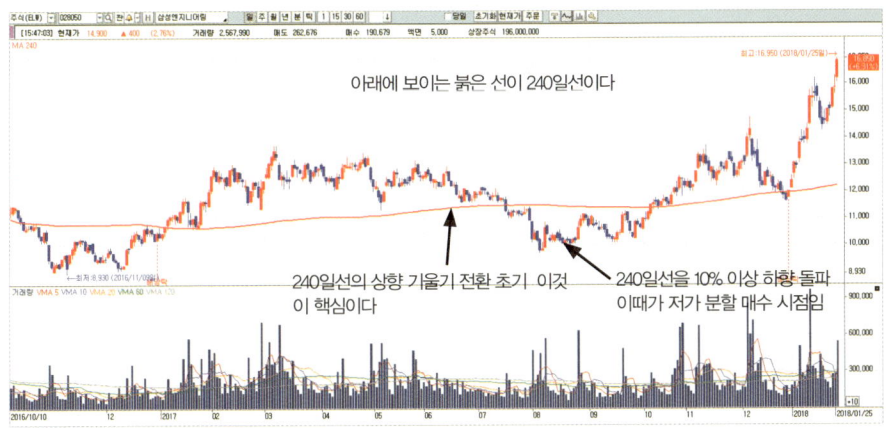

* 그림 3-3 삼성엔지니어링의 주식 차트

 이때 겁을 낸다면 상위 1%에 들어갈 수 없다. 이 매매 방법은 단기 매매로는 적합하지 않으며 중장기 투자에만 유용함을 강조 드린다.

 그림 3 4는 에이스테크의 차트다.
 에이스테크는 자동차용 안테나와 이동기지국용 안테나, 그리고 자율주행차용 레이저디텍터 제조기업으로, 5G통신과 자율주행차 수혜주로 분류되는 기업이다. 주가가 바닥에서 1차 상승을 기록했고, 차트를 보면 240일선이 하락에서 상승 기울기로 전환되었음을 볼 수 있다. 대부분 1차 상승 후 주가 하락이 발생하게 되는데, 이때 240일선을 일시적으로 하향 돌파하게 된다. 240일선을 10% 가량 하향 돌파한 이후 주가는 급등으로 전환되었다.
 아래 차트에서 붉은색 이동평균선의 기울기를 잘 봐야 한다. 이 매매 공식의 KEY는 바로 240일선이 하락에서 상승으로 전환되는 초기라는 것이다.

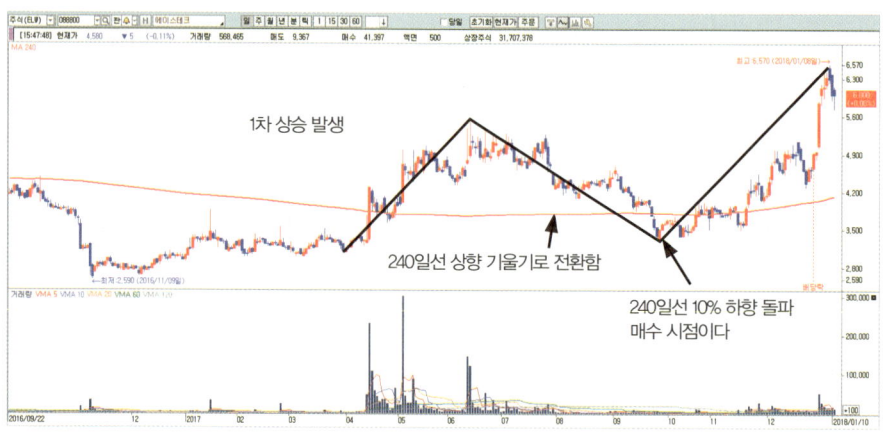

* 그림 3-4 에이스테크 주식 차트

위에서 본 종목들을 공식에 의해 저점 매수해서 수익을 냈다고 생각해 보자. 마치 강태공이 대어를 낚았을 때의 짜릿한 손맛처럼 주식 투자의 참맛을 느낄 수 있을 것이다. 헌법선을 이용한 최저점 매수 공식을 터득하는 데는 다소 시간이 걸릴 수 있겠지만 이 공식은 안전하게 당신의 자산을 증식시켜 주는 최고의 재테크 수단이 될 것이라 자신한다.

다시 한 번 강조하지만 이 공식에서 주의할 사항은 똑같은 현상이 3번 이상 발생했을 경우에는 매수에 가담하지 않아야 한다는 것이다.

주식의 경우 한 종목에서 같은 패턴이 3번 이상 발생하면 그때는 진짜 하락으로 이어지는 경우가 많으므로 이 공식을 이용할 때 한 종목에 3번 이상 같은 패턴이 발생하면서 하락하는 경우에는 매수를 금해야 한다.

그와 같은 예를 그림 3-5의 한국전력 차트를 통해 한번 살펴보자.

한국전력은 전력요금 인상과 유가 하락으로 대세 상승을 기록했지만, 유가 상승과 요금 인상 효과가 사라지면서 하락으로 전환되고 있었다. 한국전력은 240일선을 3번이나 하향 돌파한 후 상승으로 전환되었지만, 4번째 하향 돌파 이후에는 대세 하락이 발생했다. 결국 이 구간에서 매수를 금지해야 한다는 것이다.

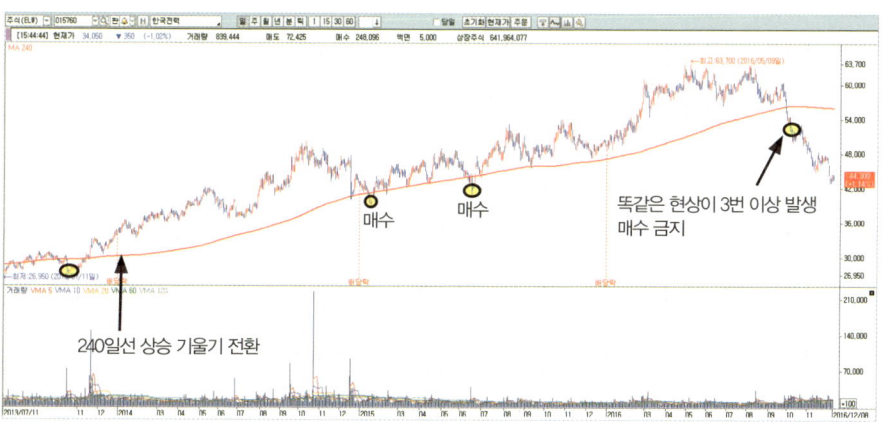

* 그림 3-5 한국전력 주식 차트

240일선이 상승으로 전환되는 시점은 최적의 저가매수 기회

240일선이 하락추세에서 상승으로 전환되었다는 것은 긴 하락이 끝나고 대세가 상승으로 전환된 것인데 주가가 일시적으로 이탈하면서 240일선이 상승으로 전환되는 시점까지 하락 했다면 강력한 저가매수 기회로 판단한다.
　주가가 하락할때 매수하는 것이므로 한번에 매수 보다는 분할매수로 대응하는게 중요하다.

　그림 3-6은 네패스의 차트다.
　네패스는 세계적으로 팹리스와 종합반도체업체(Integrated Device

Management) 고객들과 파트너십을 통해 범핑(Bumping)과 웨이퍼 레벨 패키지(Wafer Level Package)와 같은 반도체 조립 및 테스트 사업을 하고 있어 비메모리 관련 수혜주로 분류되는 기업이다. 하락세를 기록하던 주가가 급격한 상승을 보이면서 240일선을 강하게 돌파했다. 주가가 240일선 위에서 형성되는 기간이 길어지면서 하락하던 240일선이 상승으로 전환되어 추세가 바뀌는 지점을 볼 수 있다.

급등하던 주가가 급락으로 돌변했지만 240일선이 상승으로 전환되는 구간에서 마지막 저가매수 기회를 제공하고 100%이상의 주가상승이 발생했다.

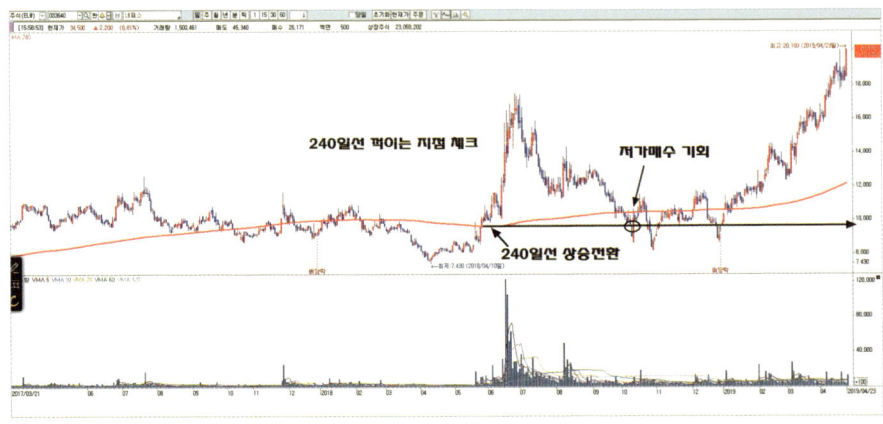

* 그림 3-6 네패스 주식 차트

이 방법은 좋은 주식을 싸게 매수하는 방법이므로 적자기업이나 기업내용이 부실한 기업은 제외하는게 좋다.

그림 3-7은 큐브엔터의 주가차트다

큐브엔터의 최대주주는 IHQ 이며 IHQ의 모회사는 종합케이블 업체인 딜라이브로 아이돌 그룹과 텔런트등을 메니지먼트 하며 콘텐츠를 제작하는 기업이다. 오랜기간 끝 없는 하락세를 보이던 주가가 하방경직성을 보이기 시작했고 바닥에서 한차례 대 급등이 발생했다.

주가가 240일선 위로 급등하다 큰 폭의 조정을 보이게 되지만 240일선이 상승으로 전환되는 지점에서 급격한 매수세가 유입되며 2000원대 주가가 6000원대까지 200% 급등하는 대 상승이 발생했다. 당시 모회사 딜라이브의 매각이슈가 발생하여 손자회사인 동사의 주가가 폭등한 것이다.

주가는 이런 형태로 상승하는 경우가 많으므로 위험한 추격매수 보다는 이런 안전한 방식으로 매매해야 소중한 종자돈을 지킬 수 있다.

* 그림 3-7 큐브엔터 주식 차트

2. 1타 50피 기법으로 최저점에 매수하는 공식

한 번의 하락으로 50% 급락한 종목은 일단 모두 관심권에 등록한다. 그 후 50% 하락지점부터 아래꼬리를 길게 형성하는 음봉이 출현하고, 다음날 역망치 양봉이 출현한다면 공격 시점이다.

시장이 상승하는 시기에 하락하는 종목을 잡을 필요가 있을까?

지수 상승 시기에는 정배열 종목을 사는 것이 바람직하므로 이 기법은 상승장에서 적용하면 확률이 떨어진다.

또 하나 주의할 것은 하락하는 종목을 매수할 때는 저가주나 부실주에 접근하지 말아야 한다는 것으로, 펀더멘털이 우량한 기업들의 주식에만 이 공식을 적용해야 한다.

달리는 말은 속도를 늦춰줄 때 매수해야 한다

속도가 빠른 말에 올라타다가 낙마를 하면 치유가 불가능할 정도로 상처를 입을 수 있다. 달리는 말은 속도를 늦춰줄 때 올라타는 게 가장 안전하다.

주식도 마찬가지다. 급격한 상승이 나왔을 때 매수를 하다가 실패하면 회생이 어려울 정도로 손실이 발생할 가능성이 높아지게 된다. 주식 투자는 크게 수익을 내는 것보다 손실이 적어야만 한다. 큰 손실을 입게 되면 마음이 조급해지므로 심리 싸움에서 질 수밖에 없고 이성을 잃게 된다.

1타 50피 기법은 바닥권 매수를 통해 장기 보유로 수익률을 극대화하는 전략이다. 즉 장기 보유가 가능한 종목의 주식을 싸게 사서 비싸게 파는 전략이다.

1타 50피 기법이란?

단 한 번의 하락 파동에서 하락률이 50%인 경우 하락 저점을 확인하고 매수하는 기법이다. 단 한 번의 타격으로 50%나 하락했으니 곧 대반격이 시작될 것을 예상하고 하락 파동에서 매수하는 기법이다. 이때 가장 중요한 것은 실적이 우량한 종목이어야만 기법 적용이 가능하다는 것이다. 실적이 부실한 기업은 주가의 바닥을 미리 예측할 수가 없으므로 이 기법은 반드시 실적을 확인해야만 한다.

실적이 지속적으로 좋아지고 있음에도 불구하고 일시적인 악재로 주가가 단기 50% 급락했다면 이것은 바닥이 될 가능성이 상당히 높다.

- 조건 1: 실적이 부실한 기업은 제외

실적이 부실한 기업은 적정 가치를 산정할 수 없으므로 주가가 50%, 70% 하락해도 저점이 어딘지 알 수가 없다. 따라서 적정 가치가 없는 기업의 주식을 섣불리 저점 매수하면 안 된다.

- 조건 2: 한 번의 하락 파동이 50%를 기록

최고점에서 50% 하락이 아닌 한 번의 하락 파동을 의미한다. 단 한 번의 하락 파동으로 50% 정도 하락했다면 이것은 강력한 기회가 될 수 있다.

- 조건 3: 시가총액 1,000억 이상만 적용

시가총액이 1,000억 이하라면 실적이 꾸준하지 않고 급등락할 가능성이 높다. 얼마 전까지 흑자이던 기업도 대규모 적자로 전환될 수 있는 게 소형주이므로 시가총액 1,000억 이하의 종목은 섣불리 저점 매수하지 않는 것이 좋다.

매수 공식

한 번의 하락으로 50% 급락한 종목은 일단 모두 관심권에 등록한다. 그 후 50% 하락지점부터 아래꼬리를 길게 형성하는 음봉이 출현하고, 다음날 역망치 양봉이 출현한다면 공격 시점이다.

이 책에서 가장 먼저 설명한 4개의 핵심 캔들이 발생하면 매수 신호로 해석한다.

역망치 양봉, 가속 캔들, 브레이크 캔들, 상승장악형 캔들을 노린다.

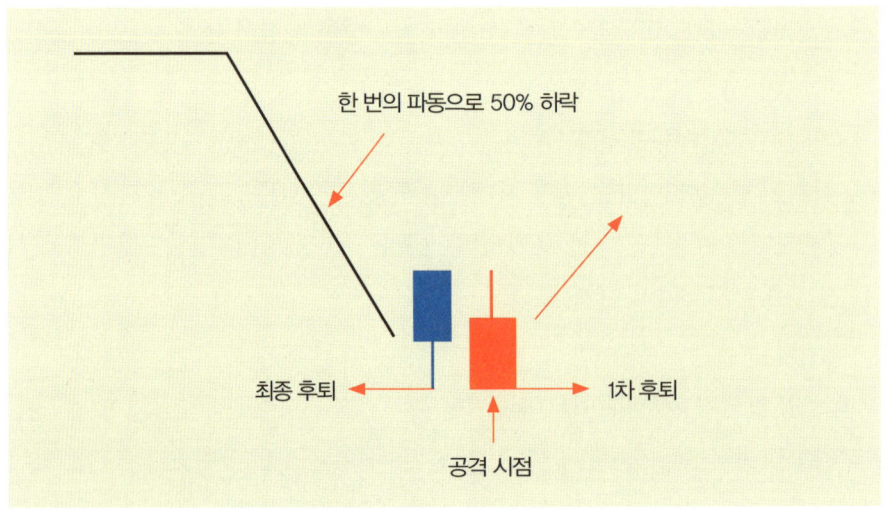

* 그림 3-8 1타 50피 기법으로 최저점에 매수하는 공식

이 구간에서 매수 후 주가가 추가 하락한다면 5% 단위로 추가 매수가 가능하다. 주식에서 물타기는 금기사항이나 이 경우에는 물타기도 가능하다.

물타기와 분할 매수의 차이점

주식 투자를 잘하려면 분할 매수와 매도를 잘해야 한다. 그런데 많은 분들이 물타기와 분할 매수의 차이점을 잘 모르고 있다. 물타기는 주식 투자에 실패하는 지름길이지만 분할 매수는 성공의 지름길이다.

물타기란 목표 수량을 다 매수하고 나서 주가가 하락하면 또 그만큼의 물량을 매수하는 것을 말한다. 어떤 종목을 1,000만 원어치 매수하려고 했는데, 처음부터 1,000만 원어치를 매수하고 주가가 하락할 때 또 1000만 원을 투입하는 경우는 물타기가 된다.

이와는 달리 분할 매수는 목표 수량을 고르게 나누어서 매수하는 것이다. 즉 어떤 종목의 주식을 1,000만 원어치 매수한다고 가정했을 때, 처음에 300만 원어치를 매수하고, 두 번째로 400만 원어치를 매수하고, 세 번째 또 300만 원어치를 매수해서 목표 수량을 채워가는 것을 말한다.

주가가 바닥권에 있거나 하락하는 종목을 매수할 때는 반드시 분할 매수를 해야만 한다.

고점에서 매수한 이후에 주가가 하락할 때 추가 매수하면 헤어 나올 수 없는 수렁으로 빠져들게 된다.

그림 3-9의 종목을 고점에서 매수하고 하락 시마다 추가 매수를 했다고 가정해 보자.

모든 돈은 묶이고 손실이 커져 갈 수밖에 없다.

주식 투자에 성공하려면 물타기부터 멀리해야 한다.

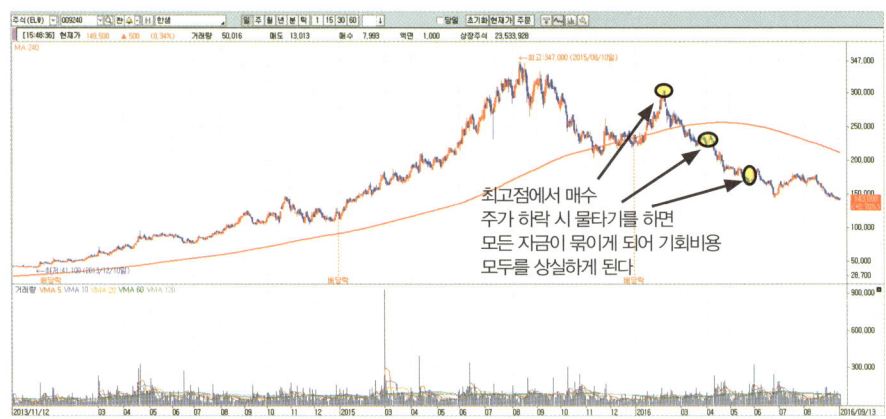

* 그림 3-9 물타기 사례를 설명한 주식 차트

1타 50피 공식 실전 예

1타 50피 구간에서 주식을 매수할 경우 목표치를 하락폭의 50% 반등 지점으로 잡는 것이 좋다.

그림 3-10은 신라젠이라는 종목으로 15만 원에서 7만 원까지 한번의 급락 파동으로 50%나 급락했고 이후 주가는 상승 전환되었다.

이때 반등 목표치는 앞에서 배운 대로 하락폭의 50% 반등한 지점이 된다.

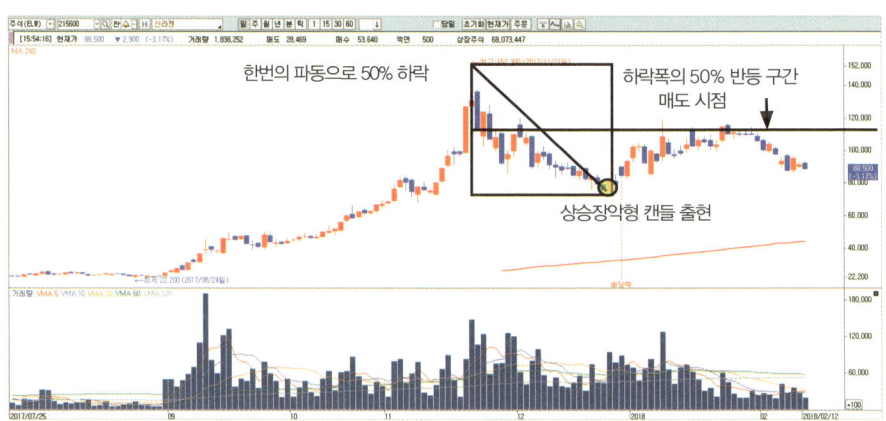

* 그림 3-10 신라젠 주식 차트

그림 3-11의 종목도 마찬가지다.

48,000원에서 24,000원까지 한번의 파동으로 급락 후 저점이 형성되었고 큰 반등 파동이 발생했다.

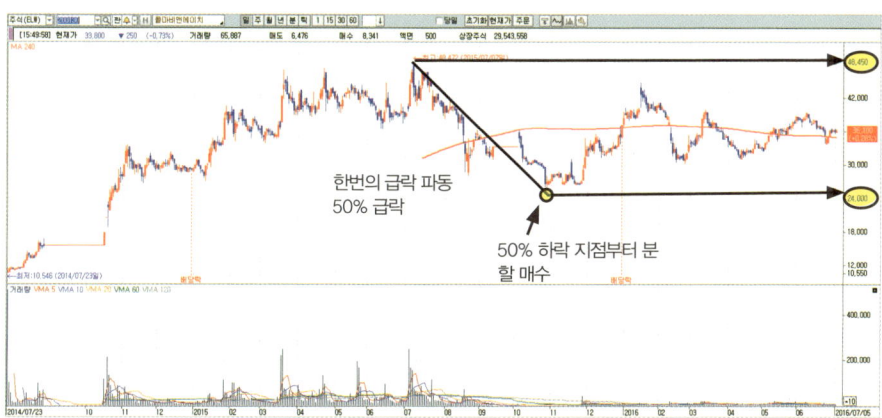

* 그림 3-11 1타50피 공식을 설명한 주식 차트 1

그림 3-12 제일파마홀딩스(구 제일약품)의 주식 차트를 한번 살펴보자.

제일약품은 제약주로 고령화 수혜와 함께 제약주 상승에 편입하면서 초장기 상승을 기록하다가 한번의 하락 파동으로 9만 원대이던 주가가 45,000원대까지 50% 급락하는 모습을 보였다. 이후 저점이 형성되면서 반등 파동이 시작되었는데, 이때 반등의 목표치는 주가의 생애주기에서 강조한 대로 하락폭의 50% 되돌림 반등 지점이 된다.

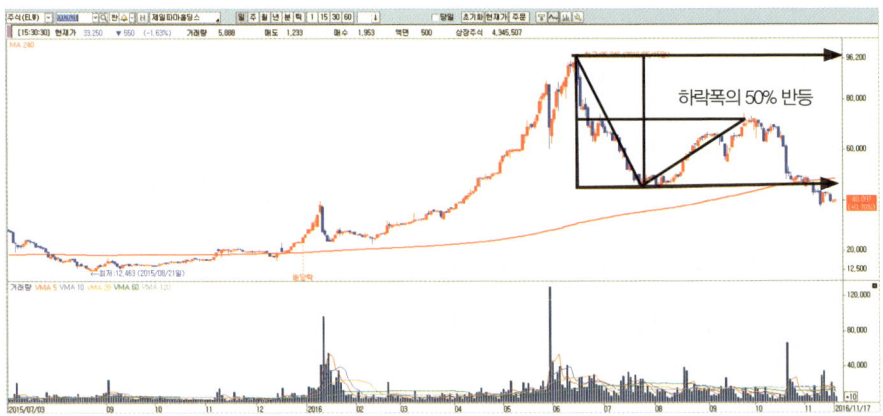

* 그림 3-12 제일파마홀딩스 주식 차트

3. 하락 11법칙을 이용한 최저점 매수 공식

1차 하락 파동 후 반등이 나오면 반등의 고점에서 1차 하락폭만큼 2차 하락이 진행된 가격이 저가 매수의 섹터다.

하락 11법칙 역시 하락하는 종목을 매수하는 것이므로 펀더멘털이 좋은 기업만 해당되며 분할 매수로 대응해야 한다.

하락 11법칙을 이해하기 전에 가장 먼저 기억해야 할 것이 바로 앞에서 배운 진폭이다.

하락 11법칙의 원리를 한번 살펴보자.

주식은 1차 하락의 파동만큼 반등의 고점에서 2차 하락이 발생한 후 반등한다. 이 공식은 시장 급락으로 대부분의 종목이 함께 급락한 시점에서 사용하면 성공 확률이 높다.

주가는 보통 2단 또는 3단의 하락 파동이 발생하게 되면 다시 상승 전환되는 경우가 많다. 물론 극소형주나 부실주는 이런 원리에서 당연히 제외된다.

이 기법은 2~3차 하락 파동의 최저점에서 매수하는 기법으로, 손절의 위험이 오히려 낮다. 최저점 매수 기법으로 안정적이지만 큰 수익을 기대하기보다 10~30% 정도의 수익을 목표치로 잡는 것이 좋다.

물론 반등 후 재하락이 나올 수도 있으나 일단 수익으로 출발할 가능성이 상당히 높은 만큼 하락 저점에서는 분할로 매수하면서 들어가면 된다. 이해가 어려울 수도 있지만, 실전 예를 보면서 배워 가면 충분히 따라할 수 있을 것이다.

1차 하락 파동 후 반등이 나오면 반등의 고점에서 1차 하락폭만큼 2차 하락이 진행된 가격이 저가 매수의 섹터다.

그림 3-13을 보면서 앞에서 배웠던 진폭을 떠올려 보기 바란다.

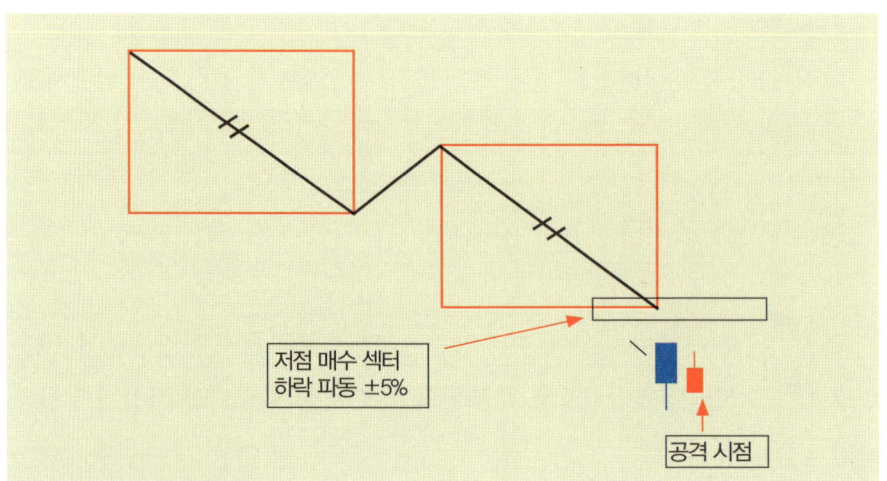

* 그림 3-13 하락 11법칙

4개의 핵심 캔들이 그림 3-13과 같은 위치에서 발생하면 바로 매수 신호로 해석한다. 꼭 나오지 않아도 하락 저점에서는 분할 매수가 가능하다.

참고로 2번째 하락 파동은 반등일 가능성이 높지만 3번째 파동은 진바닥일 가능성이 높다. 따라서 2번째 하락 파동에서의 목표가는 크지 않으며, 아래와 같이 산정하면 된다.

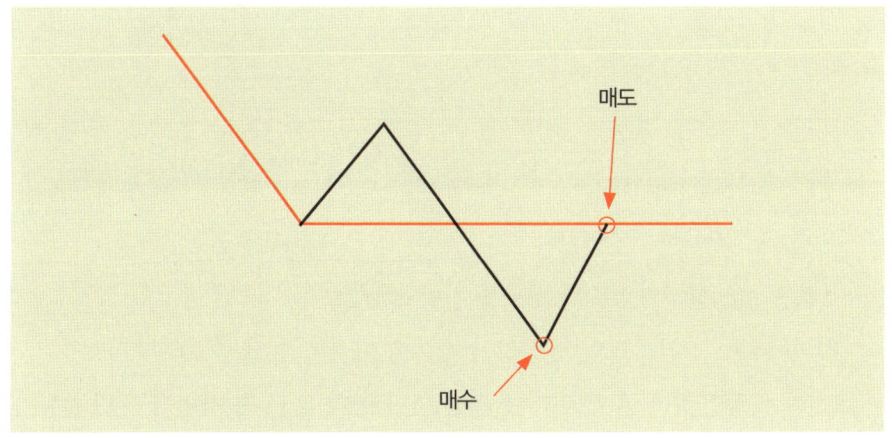

* 그림 3-14 하락 11법칙에서의 매수 매도 시점

그림 3-15은 메디톡스의 차트다.

메디톡스는 고점에서 2번의 하락 파동이 발생했고, 정확히 매수 구간에서 저점을 찍고 반등세를 기록했지만 반등 목표치는 크지 않다. 하지만 워낙 최저점에 잡기 때문에 20% 이상의 수익을 올릴 수 있다.

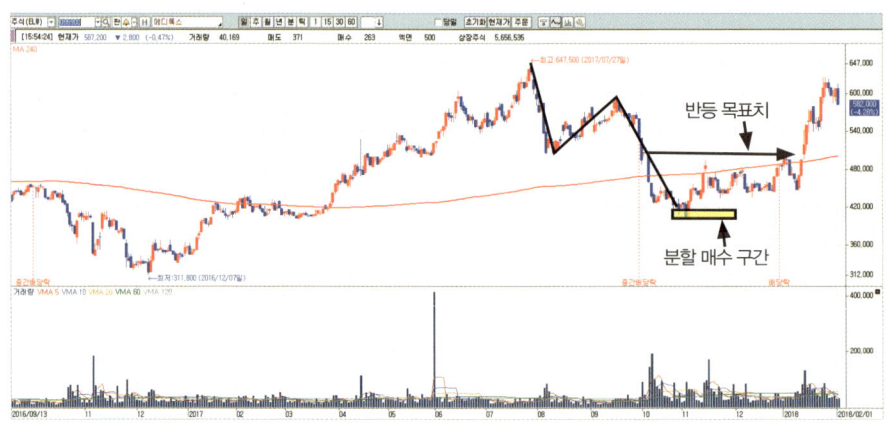

* 그림 3-15 메디톡스 주식 차트

그림 3-16 삼성SDI 주식 차트를 한번 살펴보자.

3번째 파동 시 진바닥일 가능성이 높은데 이것이 가장 중요하다.

2번째 파동은 반등을 노려야 하지만, 3번째 하락 II은 진바닥일 가능성이 높으므로 수익률 극대화를 노릴 수 있다.

삼성SDI의 차트를 보면 하락 II법칙의 위대함을 알 수 있다. 2번째 하락 파동에서는 반등만 나왔고, 3번째 하락 파동에서는 진바닥이 발생했다.

정확하게 매수 구간에 진입한 후 100% 이상 상승이 발생했다.

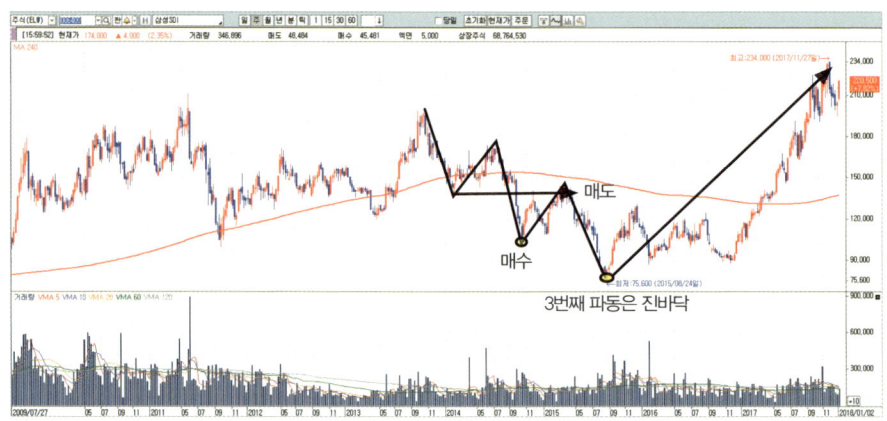

* 그림 3-16 삼성SDI 주식 차트

그림 3-17 솔브레인 주식 차트를 한번 살펴보자.

솔브레인은 반도체와 2차전지 소재 업체로 삼성전자와 하이닉스 성장의 직접적인 수혜를 받는 기업이다. 장기적인 성장이 예고된 기업인 솔브레인은 주가 조정이 발생하면 저점 매수를 노려야 할 종목이다. 그림 3-15의 경우도 똑같은 현상이 발생했음을 볼 수 있다. 2번째 파동에서는 반등만 나왔지만 3번째 하락 파동 이후에는 진바닥을 확인했다.

차트만 보면 파동의 크기가 달라 보일 수도 있지만, 직접 자로 측정해 보면 정확하게 일치함을 알 수 있을 것이다.

* 그림 3-17 솔브레인 주식 차트

하락 11법칙을 이용한 최저점 매수 공식의 적용 조건은 1타 50피 기법과 동일하다.

• 조건 1: 실적이 부실한 기업은 제외

실적이 부실한 기업은 적정 가치를 산정할 수 없으므로 주가가 50%, 70% 하락해도 저점이 어딘지 알 수가 없다. 따라서 적정 가치가 없는 기업의 주식을 섣불리 저점 매수하면 안 된다.

• 조건 2: 시가총액 1,000억 이상만 적용

시가총액이 1,000억 이하라면 실적이 꾸준하지 않고 급등락할 가능성이 높다. 얼마 전까지 흑자이던 기업도 대규모 적자로 전환될 수 있는 것이 소형주이므로 시가총액 1,000억 이하의 종목은 섣불리 저점 매수 하지 않는 것이 좋다.

4. 역헤드앤쇼울드를 이용한 최저점 매수 공식

역헤드앤쇼울드형 패턴의 매매 전략은 오른쪽 어깨에서 주가의 지지를 확인하고, 상승하는 초기 시점을 1차 공격 시점으로 잡아야 한다.

역헤드앤쇼울드형(Head and Shoulders Reversal Pattern)은 주가가 지루한 하락 추세를 마무리하는 국면에서 발생하며, 완성되는 경우 장기간 상승 추세로 이어지는 경우가 많다. 따라서 완성 초기에 매수 물량을 확대하는 전략으로 임하는 것이 좋다.

역헤드앤쇼울드형 패턴은 왼쪽 바닥을 어깨, 가운데 저점을 머리, 그리고 오른쪽 바닥을 다시 어깨로 표시한다.

역헤드앤쇼울드형 패턴에서의 거래량

왼쪽 어깨 〈 머리 〈 오른쪽 어깨로 형성된다. 왼쪽 어깨는 하락 국면으로 매수세가 섣불리 가담하지 못하며, 머리에서는 투매 물량을 받는 손바꿈 현상으로 인해 거래가 점진적으로 증가하게 된다. 오른쪽 어깨에서는 매수세의 주가 부양 의지로 인해 주가 상승과 함께 대량 거래가 수반된다.

매수 시점 잡기

역헤드앤쇼울드형 패턴의 매매 전략은 오른쪽 어깨에서 주가의 지지를 확인하고, 상승하는 초기 시점을 1차 공격 시점으로 잡아야 한다. 실전에서는 대부분 여기서부터 매수에 가담한다. 조정 시에 매수를 못했을 경우에는 네크라인을 상향 돌파한 후 조정을 받을 때 지지를 확인하고 매수해야 한다.

이때 지지를 확인하는 방법은 역망치 양봉, 가속 캔들의 발생 여부다.

역헤드앤쇼울드의 상승 공식

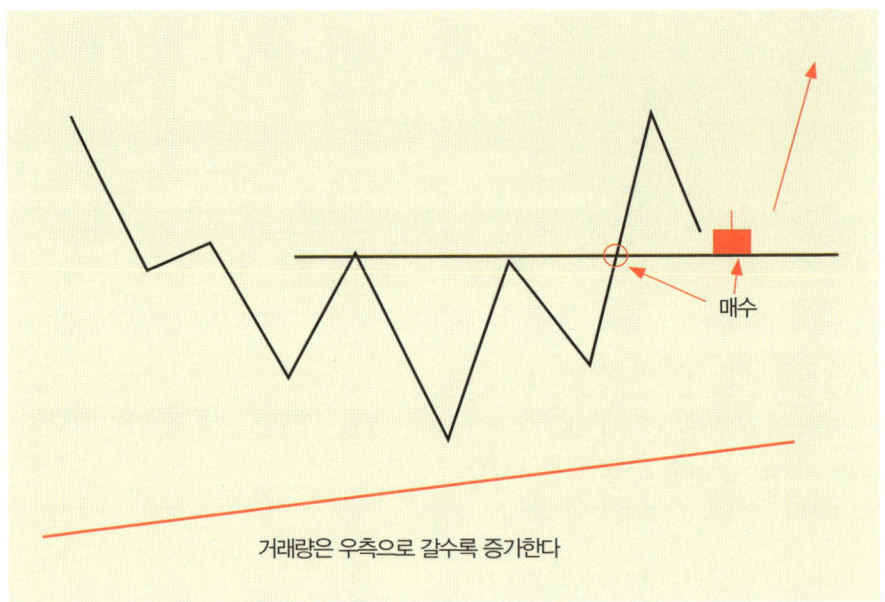

* 그림 3-18 역헤드쇼울드의 상승 공식

그림 3-19 SK하이닉스의 주식 차트를 통해 역헤드앤쇼울드 상승 공식에 대해 알아보자.

하이닉스는 증설 이후 주가가 큰 폭으로 하락했고, 증설이 완료되는 시점이 다가오면서 서서히 주가가 바닥을 다지기 시작했다. 이때 역헤드앤쇼울드 패턴이 발생했으며, 주가가 대세 상승으로 전환되었다. 역헤드앤쇼울드 완성 전 3번째 바닥이나 고점을 돌파할 때가 매수 시점이었다.

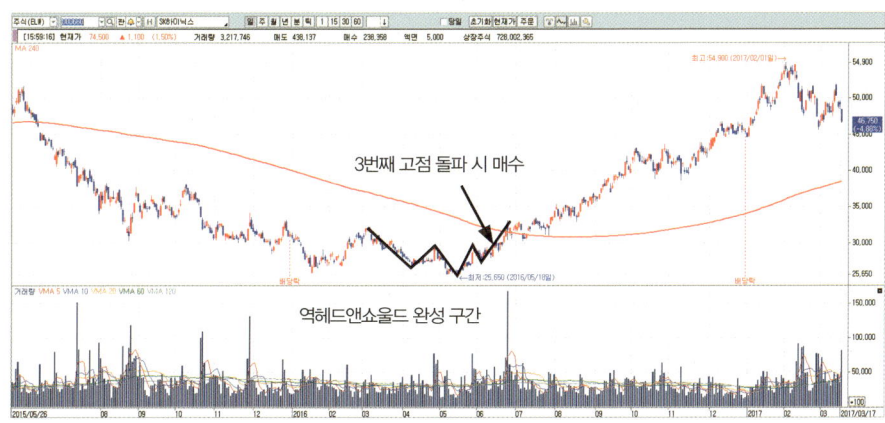

* 그림 3-19 SK하이닉스 주식 차트

그림 3-20 제주항공의 재무제표와 3-21의 제주항공 주식 차트를 한번 살펴보자.

제주항공은 중국의 사드 규제로 인해 초장기 하락 파동이 발생했지만 기업 실적은 전혀 나빠지지 않았다. 이런 종목이 바닥을 치면 큰 수익을 주는 경우가 많다.

제주항공 역시 역헤드앤쇼울드 패턴의 급소를 주고 대세 상승으로 전환되었다.

당시 제주항공의 실적을 보면 주가와 다르게 움직이고 있다는 것을 알 수 있는데, 이와 같은 상황이 바로 기회이다. 이때 역헤드앤쇼울드 패턴이 형성되었고, 최고의 매수 시점이라는 것을 알 수 있다.

IFRS(연결)	2014/12	2015/12	2016/12	2017/09
매출액	5,106	6,081	7,476	7,348
매출원가	4,233	4,861	6,020	5,646
매출총이익	873	1,220	1,456	1,702
판매비와관리비	578	706	872	864
영업이익	295	514	584	838

* 그림 3-20 제주항공의 재무제표

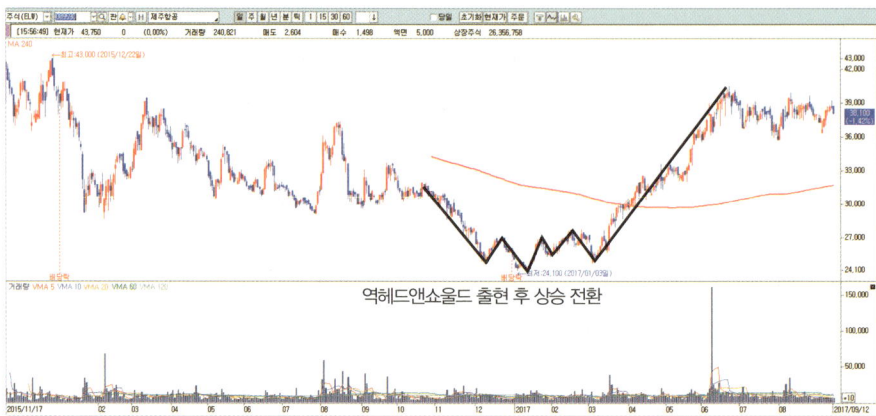

* 그림 3-21 제주항공 주식 차트

5. 이중바닥의 상승 공식

거래량이 증가하면서 전 고점을 돌파하는 것을 확인하고 매수하거나, 조정 시 전 고점 지지가 확인될 때 매수하는 방법이 있다. 지지를 확인하는 방법은 앞에서 배운 4개의 캔들이 전 고점에서 발생해야 한다.

이중바닥형을 실전에서는 쌍바닥이라고 표현한다. 이중바닥은 속임수가 상당히 많은 패턴으로 자칫 잘못 판단하면 단기 고점에서 추격 매수를 할 수 있는 패턴이다. 따라서 고점 돌파를 확인하고 매수하기보다는 전 저점 지지가 강하게 발생할 때 일단 공격에 가담한 후 전 지점을 최종 후퇴 라인으로 설정하는 전략이 좋다.

이중바닥은 속임수도 많으나 방향을 결정할 경우 대대적인 상승 추세로 이어질 수 있다. 이중바닥형은 저점 부근에서 거래가 많을수록 향후 강한 지지력을 확보하게 되며, 이후 주가 상승의 발판으로 작용하게 된다.

이중바닥의 특징
- 두 번째 바닥의 거래량이 전 저점에 비해 크게 증가하는 경우가 많다.
- 두 번째 바닥에서 상승을 시도할 경우 거래가 급증하는 경우가 많다.
- 이중바닥의 전 고점을 상향 돌파하면 이전 저항선은 강력한 지지선으로 작용한다.

이중바닥의 공식

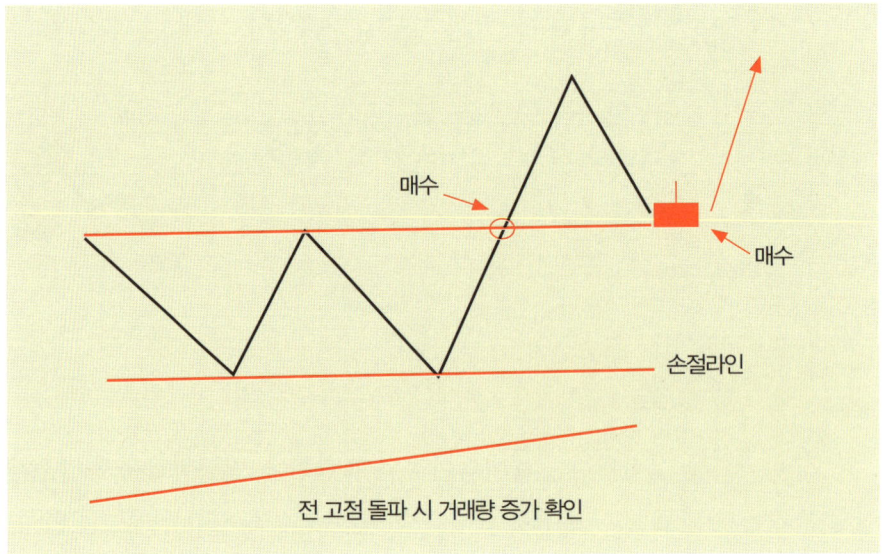

* 그림 3-22 이중바닥의 공식

매수 시점

거래량이 증가하면서 전 고점을 돌파하는 것을 확인하고 매수하거나, 조정 시 전 고점 지지가 확인될 때 매수하는 방법이 있다. 지지를 확인하는 방법은 앞에서 배운 4개의 캔들이 전 고점에서 발생해야 한다.

전 고점 돌파 시 거래량이 감소한다면 이는 속임수일 가능성이 높으므로 주식을 보유하고 있는 투자자라면 고점 돌파를 오히려 매도 시점으로 잡는다.

손절라인

이중바닥은 전 저점의 지지력을 체크하고 상승을 시도하는 경우에 매수하는 패턴이므로 손절라인을 전 저점 붕괴시점으로 설정해야 한다.

그림 3-23은 SKC 코오롱PI의 주식 차트다.

주가가 지루한 하락을 끝내고 드디어 방어를 시작하면서 이중바닥이 출현했다. 주가가 전 고점을 돌파하고 상승세를 이어가다 하락을 시작했지만, 전 고점에서 정확하게 지지를 받고 상승을 시작했다.

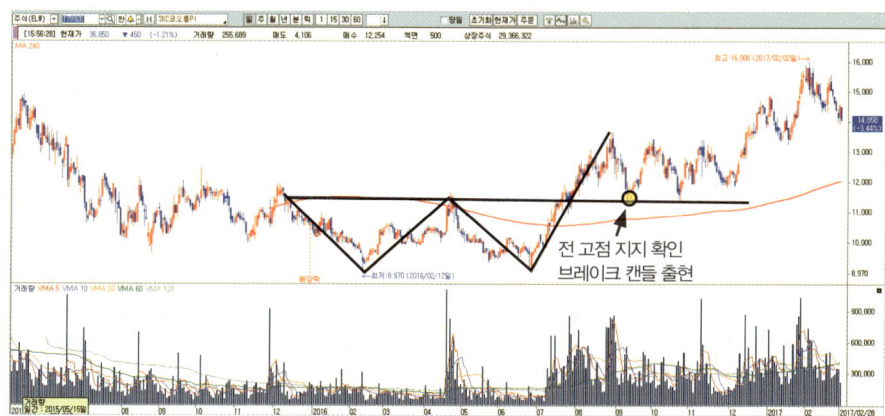

* 그림 3-23 SKC 코오롱PI 주식 차트

6. 신고가 돌파 급등주 매수 공식

전 저점에서 전 고점까지 쉬지 않고 급등해서 전 고점을 돌파한 경우에 추격 매수를 하게 되면 매우 위험하다. 이때는 최대한 눌림을 이용한 매매만 해야 하며, 거래량 증가가 없다면 눌림을 이용한 매수도 하지 않아야 한다.

주식 투자에도 원리가 필요하다. 주식 투자는 전쟁과 비슷하므로 전쟁의 원리를 적용하면 쉽게 급등주를 잡을 수 있다. 앞서 양봉은 아군의 진지이며 음봉은 적군의 진지라고 설명한 바 있다. 여기에 내용을 더 추가하면 거래량은 병력이라고 할 수 있으며, 음봉에서의 거래량은 적군, 양봉에서의 거래량은 아군이라고 보면 된다.

전 고점은 적군의 진지이며, 이때 발생한 거래량은 적군의 병력이라고 보면 된다. 전쟁에서 고지전을 할 때는 방어가 유리하므로 뺏으러 가는 입장에서는 방어 병력보다 공격 병력이 많아야만 한다.

차트에서 보면 전 고점이 있기 마련으로, 이 전 고점에서 발생한 거래량을 적군의 병력으로 판단한다. 만약 주가가 전 고점을 돌파한다면 거래량은 이전 고점보다 증가해야 완벽한 승리가 된다. 이 시점을 매수 시점으로 잡고, 신고가 돌파 급등주 매수 공식을 적용하면 단기간에 급등주를 잡을 확률이 높다.

그림 3-24의 애니젠 주식 차트를 한번 살펴보자.

애니젠은 삼성이 이름을 지어준 펩타이드 신약 개발 전문기업으로, 당뇨병 치료제, 신경병증성 통증치료제, 유방암 치료제, 당뇨병 치료제 수용체 약효 개선 특허를 보유한 기업이다. 차트를 보면 주가가 상승하다 하락을 시작했지만 고점에서 거래량이 많지 않았다. 이후 재상승 시도가 나왔고 전 고점보다 거래량이 급증하면서 전 고점을 돌파하는데 성공했다. 이때가 바로 매수 시점으로 단기간 급등을 기록할 수 있다.

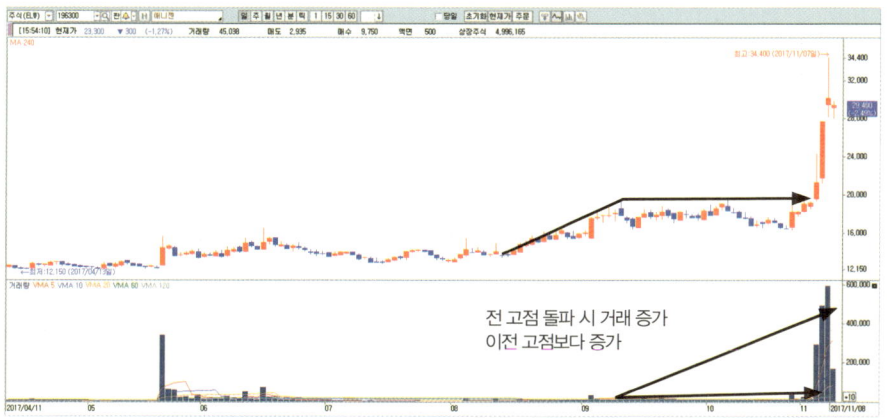

* 그림 3-24 애니젠 주식 차트

그림 3-25의 테라젠이텍스 주식 차트를 한번 살펴보자.

테라젠이텍스는 개인 유전체 분석 전문 업체로, CJ, 차바이오텍, 유한양행 등 굵직한 기업들이 지분 투자를 한 기업이며, 맞춤 의학의 선두 주자다. 차트를 보면 바닥에서 매수세가 유입되기 시작하다 하락했지만, 전 고점에서 거래량이 많지 않았고, 이후 돌파 시에는 거래량이 큰 폭으로 증가했다. 적의 병력을 압도하는 아군이 들어왔으니 당연히 매수해야 한다. 테라젠이텍스의 주가는 이후 100% 이상 상승을 기록했다.

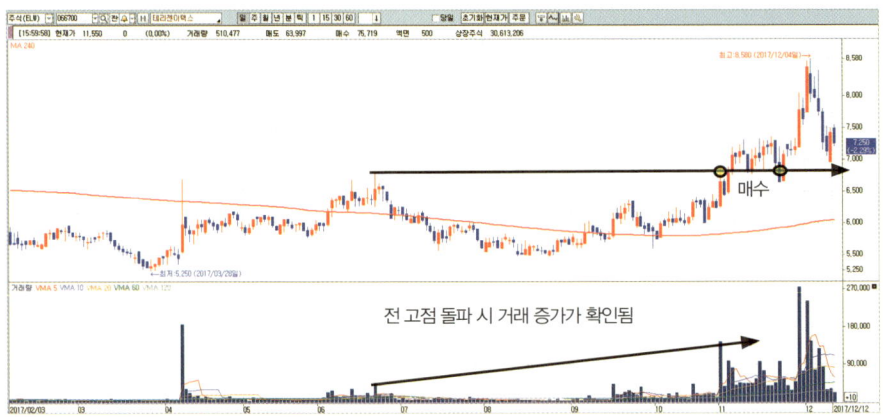

* 그림 3-25 테라젠이텍스 주식 차트

전 고점 돌파 속임수 피하기

전 고점을 돌파할 때 거래량이 이전 고점보다 감소했다면 이는 속임수일 가능성이 상당히 높다. 일시적으로 전 고점을 돌파한 후 급락으로 돌변하는 경우가 많으며, 단기간에 30% 가까운 급락 파동을 만들기도 한다.

이런 종목을 매수했다고 생각하면 상상만으로도 끔찍하지 않은가?

많은 투자자들이 신고가 매매를 하는 경우가 많은데, 이런 속임수를 피하는 방법을 알아두어야 큰 피해를 줄일 수 있다.

지금부터 신고가의 속임수를 판단하는 기준을 알아보기로 하자.

① 거래량

거래량은 전쟁에서 병력과 같다. 전 고점을 돌파할 때 전 고점보다 거래량이 증가하지 않는다면 일단 속임수일 가능성이 상당히 높다. 보유 종목이 있다면 전 고점을 돌파할 때를 매도 시점으로 잡을 수도 있다.

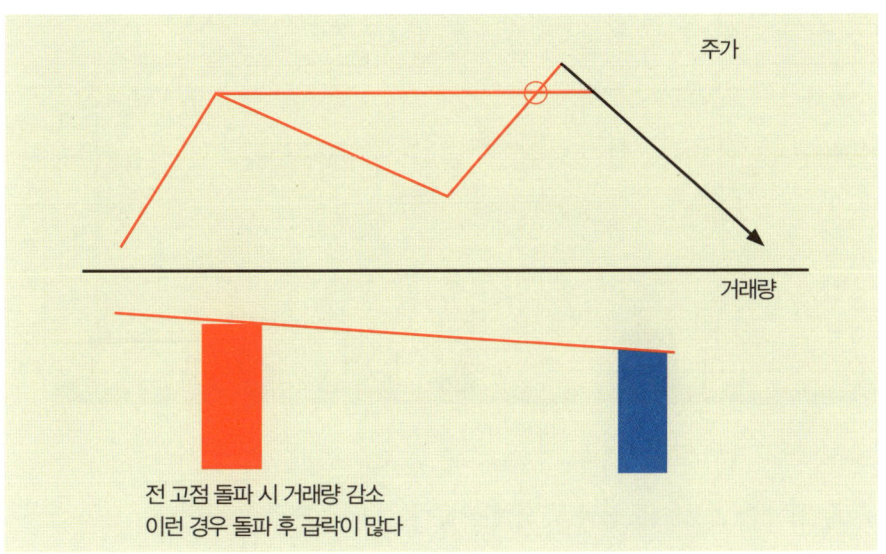

* 그림 3-26 전 고점 돌파 속임수를 피하는 공식 1

그림 3-27의 에스엠 주식 차트를 한번 살펴보자.

에스엠의 차트를 보면 앞에서 전 고점 돌파 시 거래량이 증가했으므로 매수가 가능하지만, 두 번째 전 고점 돌파 시에는 거래량이 증가하지 않았으므로 매도가 정석이다. 주가는 전 고점 돌파 시 크게 상승하기도 하지만, 이렇게 속임수로 돌파하면서 개인을 유인 후 매도하는 경우가 많으므로 각별히 주의해야 한다. 큰 손실은 바로 이런 속임수에서 발생하게 되는 것이다.

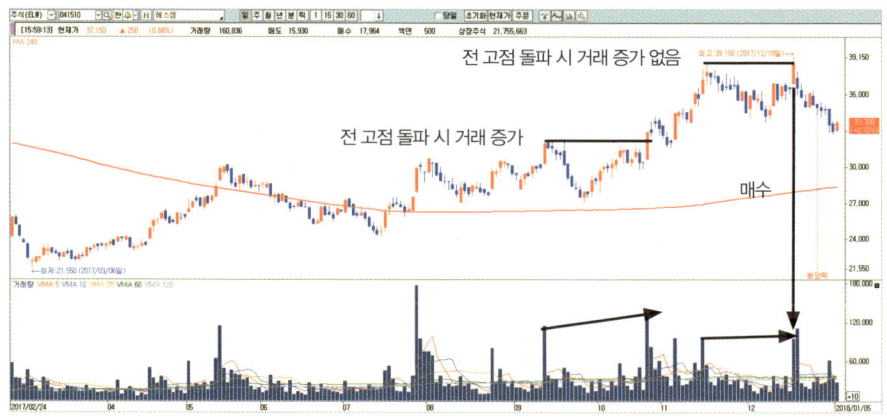

* 그림 3-27 에스엠 주식 차트

② 쉬지 않고 전 고점 돌파 시 하락 위험이 높다

전 저점에서 전 고점까지 쉬지 않고 급등해서 전 고점을 돌파한 경우에 추격 매수를 하게 되면 매우 위험하다. 이때는 최대한 눌림을 이용한 매매만 해야 하며, 거래량 증가가 없다면 눌림을 이용한 매수도 하지 않아야 한다.

전 고점 돌파 시 전 고점 아래에서 충분히 물량을 소화한 후에 거래량이 수반되면서 상승한다면 이때는 돌파 시 추격 매수도 가능하다.

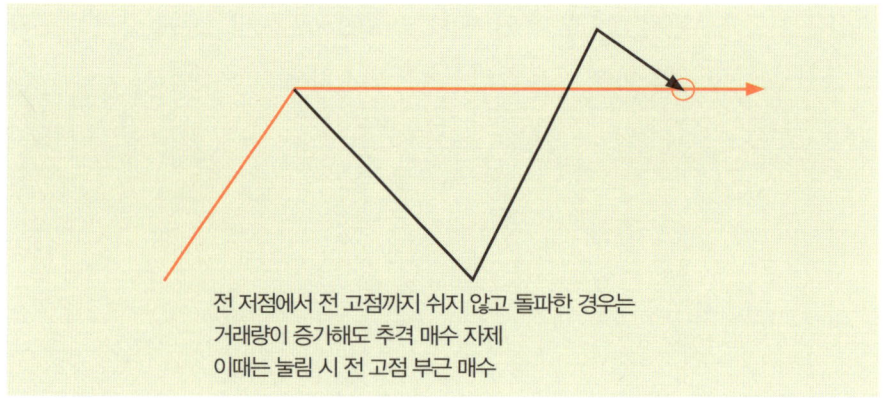

* 그림 3-28 전 고점 돌파 매수 시점 1

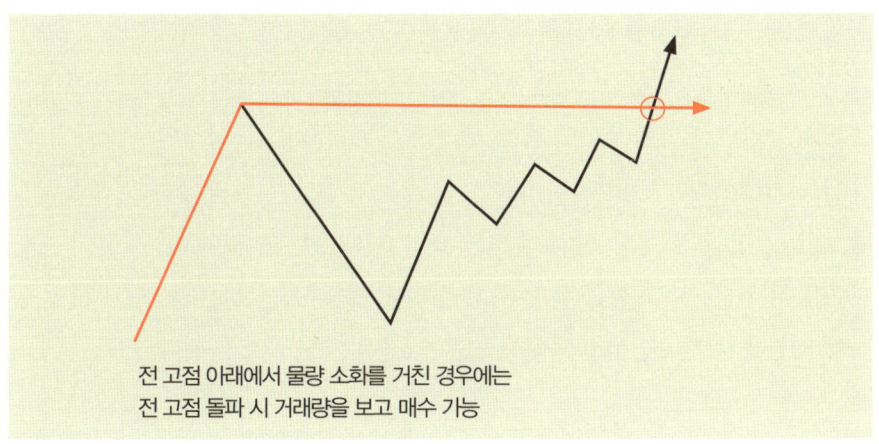

* 그림 3-29 전 고점 돌파 매수 시점 2

연습용 차트 5

아래 차트를 보고 이후 주가 흐름을 예측해 보자.

· 전 고점 돌파 시 거래량 체크

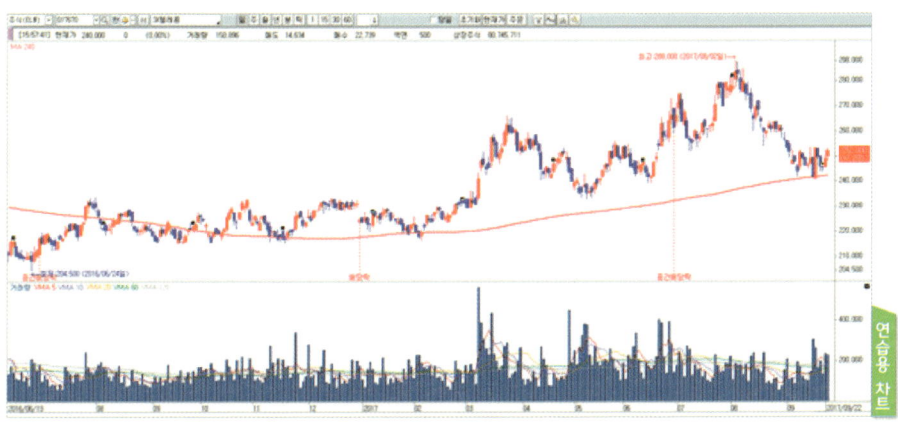

* 그림 3-30 연습용 차트 5 (신고가 돌파 급등주 매수)

그림 3-31의 주성엔지니어링 차트를 한번 살펴보자.

주성엔지니어링은 반도체장비 전문기업으로 반도체장비 뿐만 아니라 OLED 장비와 태양광장비도 함께 생산하는 기업으로 IT 성장의 수혜주로 분류되는 기업이다. 주성엔지니어링은 전 고점 아래에서 물량 소화가 충실하게 발생했고, 전 고점 돌파 시 거래량도 증가했음을 볼 수 있다. 이 시점이 매수 타이밍이 된다. 전 고점을 쉬지 않고 한번에 돌파하는 것보다는 이렇게 충실하게 매물을 소화하면서 돌파하는 경우 안정적 매수 급소가 된다.

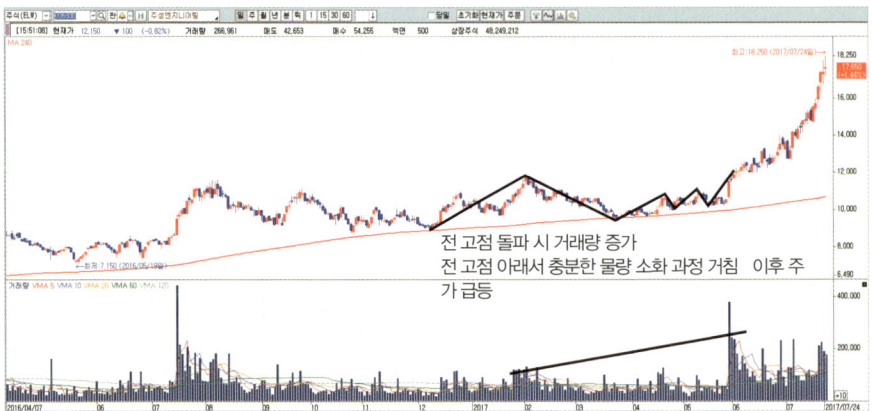

* 그림 3-31 주성엔지니어링 주식 차트

7. 상승 삼각형 상승 공식

상승 삼각형 패턴이 완성된 후에 조정이 나오는 경우가 많으므로 무리하게 추격 매수할 구간을 넘어섰다면 조정을 이용, 이전 저항선 부근에서 공격에 가담하는 것이 좋다.

상승 삼각형은 이론뿐만 아니라 실전에서도 유용성이 상당히 높은 패턴이다. 상승 삼각형은 대세 상승으로의 진입을 판단할 때 아주 유용하며, 실제로 저항선 돌파 시 장기 상승 추세로 이어지는 경우가 많은 패턴이다. 따라서 이 패턴을 잘만 이용할 수 있다면 대세 상승 초입에 매수에 가담할 수 있다.

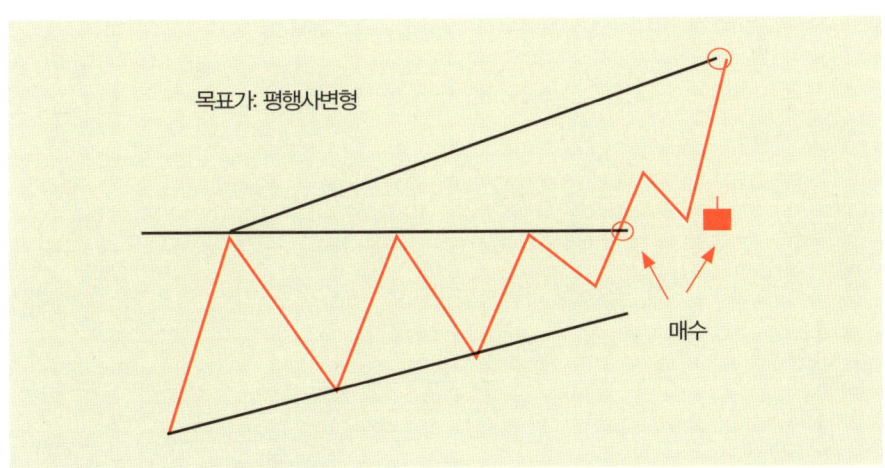

* 그림 3-32 상승 삼각형 상승 공식

상승 삼각형 패턴의 특징
- 주가의 진동폭이 좁아질수록 거래가 줄어드는 경우가 대부분이다. 주가의 변동이 적으면 적을수록 매매자가 줄어들게 되며, 이때 매집이 자주 발생한다.
- 힘의 균형은 하락보다 상승에서 깨질 가능성이 높다. 아군이 우상향으로 진지를 확보하고 전진하는 경우로, 미는 힘이 강해서 시간이 진행될수록 저항선 돌파 가능성이 높아지게 된다.
- 상승 삼각형 패턴에서는 에너지 농축기간이 긴만큼 100% 이상의 대형 상승이 자주 발생한다.
- 강력한 저항선을 돌파하기 위해서는 매물 소화를 위한 대량 거래가 필수적이므로 저항선 돌파 시 대량 거래가 수반된다.
- 상승 삼각형 저항선 돌파 시는 대량 거래 부담으로 단기적인 숨고르기가 자주 발생한다. 대량 거래가 수반되었다는 것은 매수 세력의 에너지 소진을 의미하므로 에너지 충전을 위한 숨고르기가 자주 발생하게 되는 것이다.
- 보통 저항선 4번 이상 돌파 시도 시 성공할 확률이 높다. (3의 법칙)

매수 시점
- 상승 삼각형 패턴에서는 저항선 돌파가 매수 급소이다.
- 상승 삼각형 패턴이 완성된 후에 조정이 나오는 경우가 많으므로 무리하게 추격 매수할 구간을 넘어섰다면 조정을 이용, 이전 저항선 부근에서 공격에 가담하는 것이 좋다.

손절라인
상승 삼각형 패턴은 상향으로 진행될 가능성이 높은 패턴이지만, 간혹 상승 삼각형 패턴에서 실패하는 경우가 있으므로 손절 라인을 추세선 하단으로 설정해야 한다.

그림 3-33의 신풍제약 주식 차트를 한번 살펴보자.

신풍제약은 4,400원대에만 진입하면 지속적으로 물량이 나와 주가 상승이 제한되었지만 저점은 시간이 갈수록 높아지고 있다. 이때 추세선과 진폭을 그려보면 상승 삼각형 패턴이 발생하게 된다.

4,400원 고점을 3번째 이후 돌파 시 주가는 상승 국면으로 전환되었고, 단기간 급등이 발생했다. 이때는 바닥에서 사서 기다리기보다는 상승을 확인하고 매수하는 것이 유리하다.

* 그림 3-33 신풍제약 주식 차트

연습용 차트 6

아래 차트에서 상승 삼각형 패턴을 그려보고 목표가를 산정해 보자.

* 그림 3-34 연습용 차트 6 (상승 삼각형 패턴)

매집 세력은 개인의 물량을 싫어하며, 특히 미수 물량은 더더욱 싫어한다는 것을 명심해야 한다.

도박에 처음 빠져든 사람들의 공통된 심리는 단기간의 큰 수익과 본전 생각이라고 한다. 내가 투자한 본전만 찾으면 다시는 하지 않겠다는 심리가 인간을 황폐하게 만드는 것이다.

주식 투자자들도 마찬가지로 본전 심리 욕구가 매우 강하며, 이것을 단기간에 회복하기 위해 미수 몰빵을 사용하게 되는데, 이는 100% 파멸로 가는 지름길임을 항상 생각해야 할 것이다.

Chapter 04

내가 팔면 고점이
되는 마법 공식

하락 추세에서 240일선을 첫 번째 상향 돌파하면 매도가 좋지만, 추후 3번 이상 돌파되는 모습을 보여주면서 240일선이 완만해지면 오히려 주가의 급등 가능성이 높아진다. 이런 공식으로 주가가 상승하게 되는데, 이때 상승 삼각형 패턴이 나오면 더더욱 좋다.

1. 헌법선을 이용한 고점 매도 공식

240일선이 평형을 이루거나 상승으로 전환된 상태에서는 주가가 상향 돌파할 경우 오히려 급등 가능성이 높으므로 하락기울기일 때만 이 공식을 적용해야 한다.

헌법선을 이용한 매도 공식은 헌법선을 이용한 매수 공식과 반대로 이해하면 된다.

그림 4 – 1과 같은 하락기울기를 보유한 240일선을 주가가 10% 이상 상향 돌파할 경우 단기 매도 시점으로 잡는다. 이때 한번에 매도하기보다는 상승 시마다 분할로 매도해야 수익을 극대화할 수 있다. 주식 시장에도 관성의 법칙이 있어 상승하는 구간에서는 추가적인 상승이 발생하게 된다.

여기서 5%~15% 범위가 있는 이유는 대형주와 중소형주가 다르기 때문이다. 대형주는 5~10%, 중소형주는 10~15%추가 상승한 지점이 매도 시점이 된다.

240일선을 이용한 주식 매도 공식에서 주의할 점은 다음과 같다.

첫째, 240일선이 평형을 이루거나 상승으로 전환된 상태에서는 주가가 상향 돌파할 경우 오히려 급등 가능성이 높으므로 하락기울기일 때만 이 공식을 적용해야 한다.

둘째, 하락하는 240일선을 3번 이상 돌파할 때는 이 공식을 적용하지 않는다. 앞에서 배운 3의 법칙을 떠올려 보기 바란다.

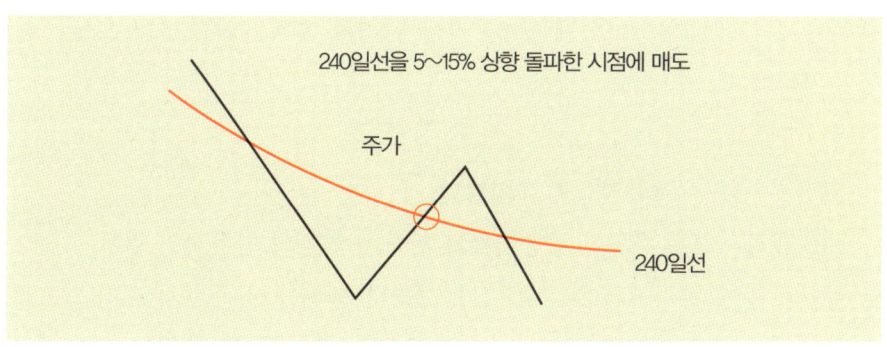

* 그림 4-1 240일선을 이용한 주식 매도 공식

    그림 4-2는 코스맥스의 차트다.
    코스맥스는 중국이 사드에 대한 보복으로 관광을 금지시키면서 주가가 하락세로 전환되었다. 240일선이 하락 기울기로 전환되면 대세가 하락으로 전환되었다고 판단해야 한다.
    급락 후 일시적으로 반등이 나오긴 하지만 하락 기울기를 보유한 240일선을 일시적으로 돌파한 후 다시 하락이 시작된 것을 볼 수 있다.
    따라서 아래에 표시된 시점이 매도 시점임을 알 수 있다. 만약 저런 구간에

* 그림 4-2 코스맥스 주식 차트

서 매수에 가담했다면 어떻게 될까? 적게는 20%, 많게는 40%까지 손실이 확대될 것이다.

그림 4-3은 에코플라스틱의 차트다

에코플라스틱은 자동차 부품업체로 자동차 업종의 전반적인 업황 부진으로 주가가 장기 하락세를 보이고 있다. 그러나 상황이 아무리 나쁜 기업도 끝없이 하락하지 않고 반등이라는 것을 주게 되는데, 그 반등의 고점을 알고 주식을 매도하는 공식이 필요하다.

그림 4-3을 보면 240일선이 강력한 하락 기울기를 보유하고 있고, 주가가 일시적으로 고점을 돌파하는 흐름이 발생했지만, 10% 이상 추가 상승하지 못하고 급락으로 돌변했다.

배운 공식대로 진행한다면 아래에 표시된 시점이 매도 시점이 된다.

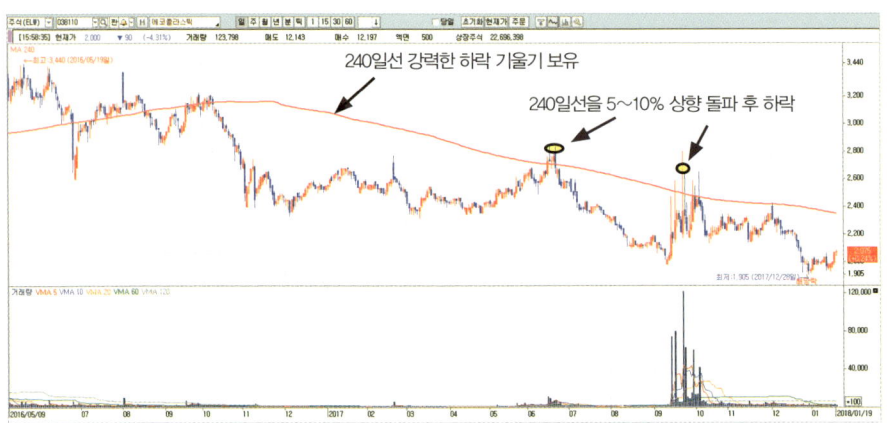

* 그림 4-3 에코플라스틱 주식 차트

그림 4-4와 그림 4-5는 CJ CGV의 주식 차트다.

CJ CGV는 영화관 사업을 하고 있으며, 영화 사업은 성장 한계에 봉착한 모습을 보여주고 있어 하락 파동이 장기간 이어질 가능성이 높다고 판단해야 한다. 그렇다면 240일선이 있는 경우와 없는 경우를 한번 비교해 보자.

  240일선이 있었다면 저 종목은 고점에서 매수하지 않았을 것이고, 보유하고 있었다면 표시된 구간에서 매도를 했을 것이다. 실제로 CJ CGV에 대해 매스컴이나 증권사들의 추천이 많이 나왔던 시점이 바로 그림에 표시된 구간이다.

  만약 240일선을 넣지 않았다면 이 종목을 고점에 매도할 수 있을까?

  240일선이 있는 경우와 없는 경우를 비교해 보자.

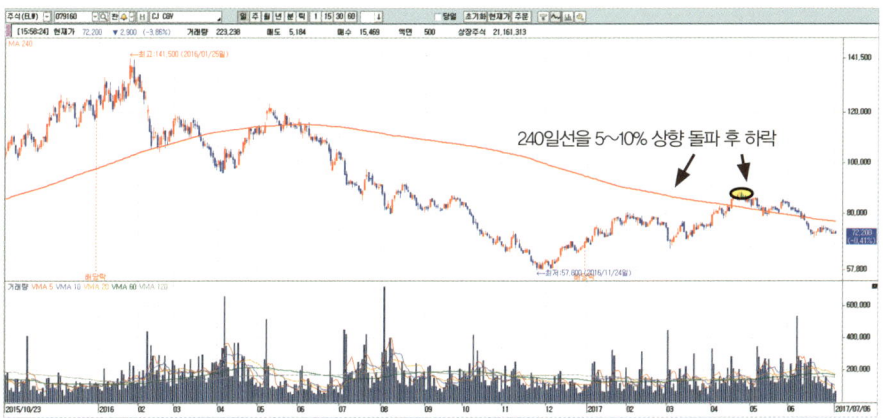

* 그림 4-4 CJ CGV 주식 차트(240일선이 있는 경우)

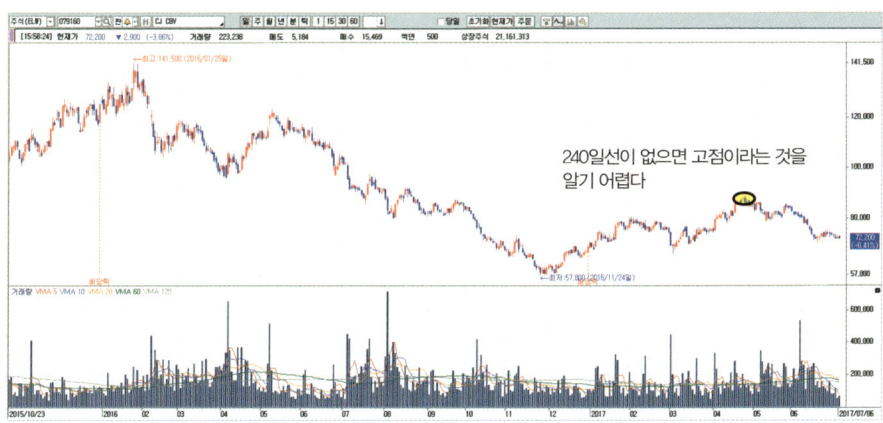

* 그림 4-5 CJ CGV 주식 차트(240일선이 없는 경우)

240일선을 3번 이상 돌파한 경우 급등 가능성이 높다

이동평균선은 매도세의 힘이므로 하락 기울기가 급할수록 매도세의 힘이 강하기 때문에 위와 같은 현상이 발생하게 되는 것이다. 이동평균선의 하락기울기가 완만해진다면 매도세의 힘이 약해진 것이며, 그 상태에서 240일선을 돌파하게 되면 오히려 대세 상승이 나타날 가능성이 높아지게 된다.

하락 추세에서 240일선을 첫 번째 상향 돌파하면 매도가 좋지만, 추후 3번 이상 돌파되는 모습을 보여주면서 240일선이 완만해지면 오히려 주가의 급등 가능성이 높아진다. 이런 공식으로 주가가 상승하게 되는데, 이때 상승 삼각형 패턴이 나오면 더더욱 좋다.

240일선에서의 3의 법칙 공식

240일선을 주가가 3번 이상 파동을 그리면서 매물을 소화할 때는 그림 4-6과 같은 형태가 발생하게 된다.

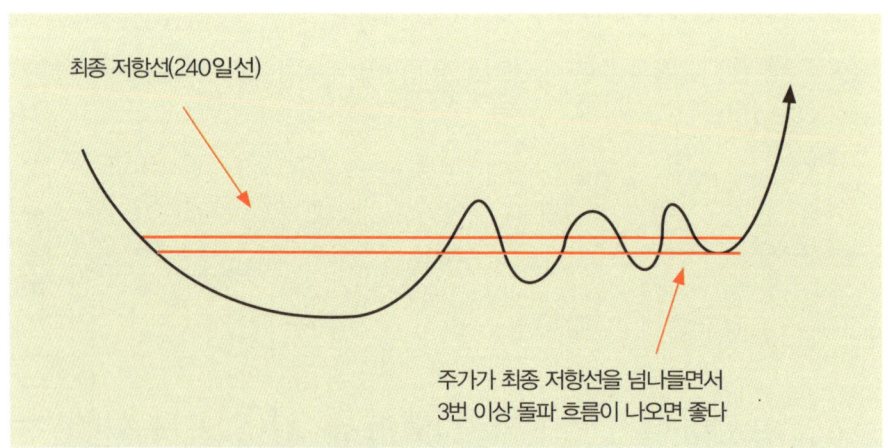

* 그림 4-6 240일선에서의 3의 법칙 공식

그림 4-7은 바이로메드의 차트다.

바이로메드는 바이오 거품 붕괴로 2년간 하락을 기록했지만 서서히 반격을 준비하고 있었다. 이때 240일선은 하락 기울기를 보유하고 있었고, 주가가 첫 번째로 240일선을 돌파한 후 하락이 나왔다. 대부분 이때 큰 하락이 나오게 되지만, 바이로메드의 주가는 더 이상 하락하지 않고 또다시 240일선을 상향 돌파하는 흐름이 발생했다. 이때도 매수 시점으로 잡기 어렵다. 이후 3번째 240일선을 돌파한 후 240일선에서 안착하는 모습이 발생했는데 이때 발생한 캔들이 바로 4대 캔들 중 하나인 역망치 양봉이다. 바이로메드의 매수 시점은 바로 이때가 된다.

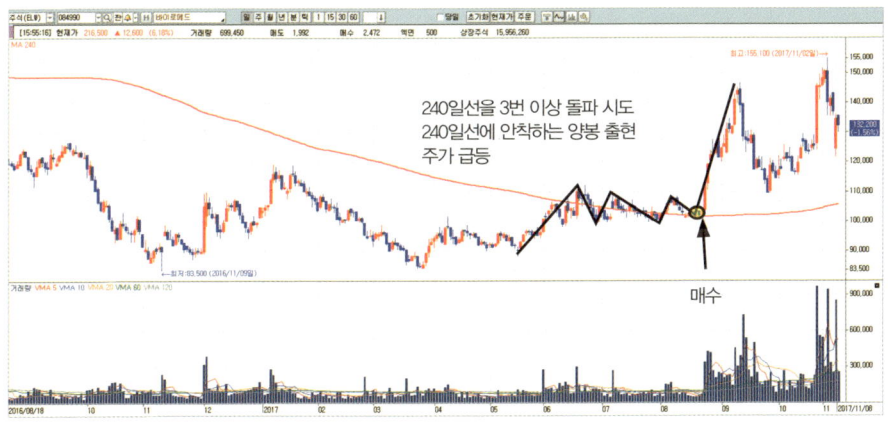

* 그림 4-7 바이로메드 주식 차트

그림 4-8은 썸에이지의 주식 차트다

썸에이지는 게임 개발사로 모바일 게임 대작 출시를 앞두고 있었다. 이 종목 역시 대세 하락 구간에서 몇 번이나 240일선 돌파를 시도했지만 무산되고 말았다. 공식에 따라 그림 4-8에 표시된 구간에서 주식을 매도하는 것이 좋다.

썸에이지의 주식 차트에서 다시 240일선 돌파를 시도하는 모습이 발생했는데, 이때 주가는 240일선을 3번 이상 돌파 시도했고, 240일선에 안착하는 역망치 양봉이 출현했다. 이후 주가는 급등으로 돌변했으며 이 시점이 바로 매수 시점이 된다.

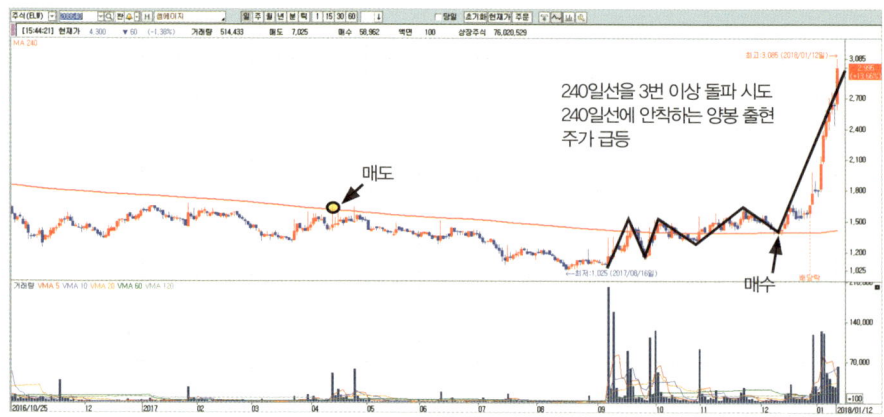

* 그림 4-8 썸에이지 주식 차트

2. 상승 11법칙을 이용한 최고점 매도 공식

주가가 2번째 상승 파동에서 상승 11구간에 진입했다면 매수를 피하고 조정을 기다려서 매수 시점을 다시 잡아야 한다.

하락 11법칙이 최저점 매수 공식이라면 상승 11법칙은 최고점 매도 공식이다.

하락 11법칙을 이해하기 전에 가장 먼저 떠올려야 할 것이 바로 앞에서 배운 진폭이다.

상승 11법칙의 원리

주식은 1차 상승만큼 조정의 저점에서 2차 상승이 발생한 후 하락한다.

필자의 오랜 상담 경험에 비추어 보면 이 부근에서 주식을 매수하는 투자자들이 상당히 많았다. 그 이유는 주식 시장에서 해당 종목에 대해 좋은 얘기만 나오고 그 시점에서 보면 주가가 계속 상승할 것처럼 보이기 때문이다.

그와 같은 구간을 보면 이후 하락이 나올 것이라고 예측하기 어렵다. 그래서 주식 투자에는 반드시 공식이 필요하다. 공식에 따르면 바로 이 부근이 분할 매도 구간으로, 절대로 매수를 해서는 안 되는 구간이다. 이런 종목을 고점에서 매수하지 않는 것만으로도 당신은 주식 시장에서 돈을 버는 방법에 한 발짝 다가선 것이다.

1차 상승 이후 조정의 저점에서 1차 상승폭만큼 2차 상승이 진행된 가격을 5~10% 추가 상승하는 시점이 분할 매도 국면이다. 이것을 그림 4-9를 통해 확인해 보자.

1차 상승폭만큼 조정의 저점에서 2차 상승하는 구간은 매수 금지 구간이며, 그 구간에서 5~10% 추가 상승 시 해당 주식을 보유한 사람은 분할 매도 국면이 된다. 따라서 당신이 어떤 주식을 매수하려고 하는데 상승 11구간에 있다면 절대로 매수를 해서는 안 된다.

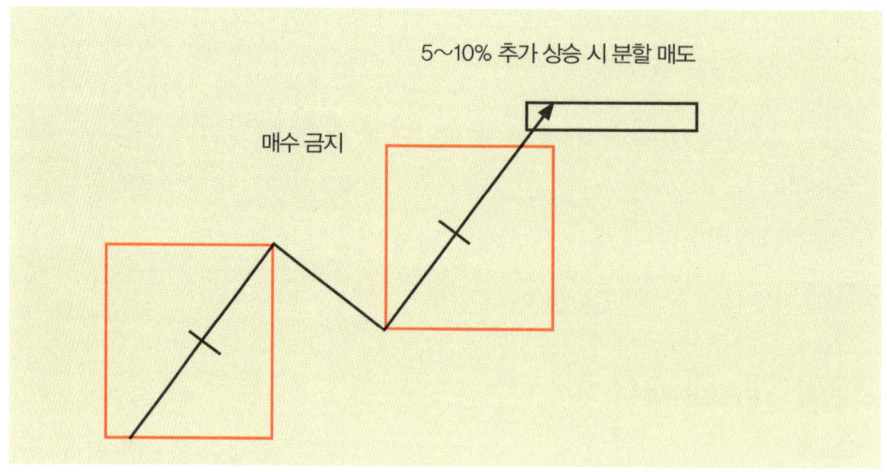

* 그림 4-9 상승 11법칙의 원리

그림 4-10은 금호석유의 주식 차트다.

금호석유는 타이어의 원료인 합성고무를 생산하는 기업으로, 부타디엔 가격 상승 시 주가가 함께 상승하는 구조를 가지고 있는 기업이다. 꾸준히 상승하던 금호석유의 주가는 상승 11법칙에서 고점을 찍고 급락으로 돌변했다. 이 지점은 상승 11 법칙을 모르는 투자자들이 가장 당하기 쉬운 구간이며, 실제로 여기저기서 추천이 많이 나오는 구간이기도 하다. 만약 이런 종목을 최고점에서 매수 후 상당기간 손실을 보면 향후 주가가 상승한다 하더라도 고점에 매수한 사람들의 심적 고통은 클 수밖에 없다. 이런 지점에서의 매수를 피해야 주식 투자에 성공할 수 있다. 금호석유는 실제 상승 11구간에 진입할 당시 실적도 좋게 나왔고 증권사 추천도 자주 나왔지만 주가가 급락했다.

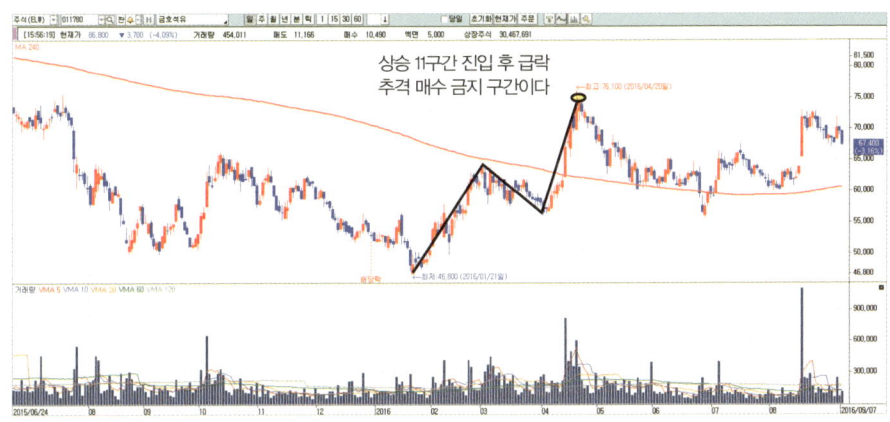

* 그림 4-10 금호석유 주식 차트

그림 4-11의 LG유플러스 차트를 보자.

LG유플러스의 주가는 5G통신 기대감으로 가파르게 상승하고 있었다. 하지만 장중 급등세를 기록하는 듯하다가 상승폭의 대부분을 돌려놓으면서 마감했고, 그 후 주가는 급락세로 돌변했다. LG유플러스 차트에 상승 11 구간을 적용해 놓았다면 이 종목을 최고점에 잡는 일은 절대로 없었을 것이다. 지면 관계로 수많은 데이터를 모두 기재할 수 없지만 상승 11법칙에서 급락한 종목들은 셀 수 없이 많다.

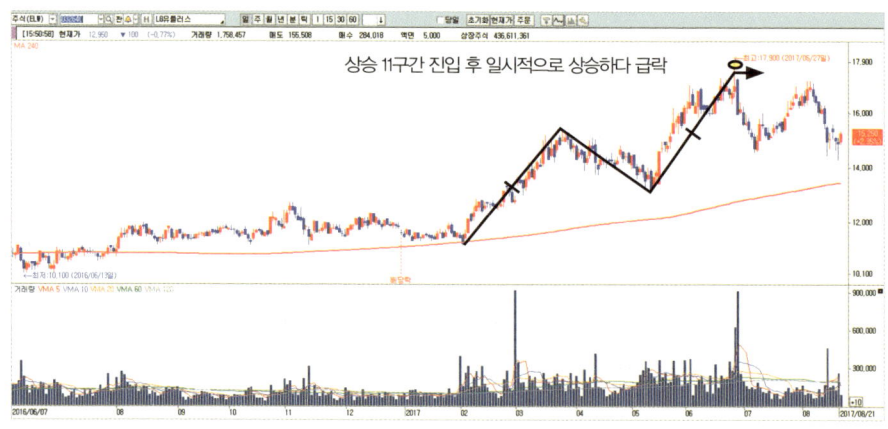

* 그림 4-11 LG유플러스 주식 차트

연습용 차트 7

아래 종목의 상승 11구간을 그려 보고 매수 금지 구간과 매도 시점을 잡아 보자.

* 그림 4-12 연습용 차트 7

참고로 2번째 상승 파동이 발생한 후 주가가 밀리지 않는다면 재상승이 가능하지만, 3번째 상승 파동에서는 장기 하락이 진행될 수 있다. 주가의 생애주기를 다시 한 번 살펴보기 바란다.

주가가 2번째 상승 파동에서 상승 11구간에 진입했다면 매수를 피하고 조정을 기다려서 매수 시점을 다시 잡아야 한다.

두 번째 파동 후 조정 시의 저가 매수 공식

4개의 핵심 캔들이 저 위치에서 발생하면 바로 매수 신호로 해석한다.
그림 4-13과 같이 상승 11구간 조정 시에 매수한다.

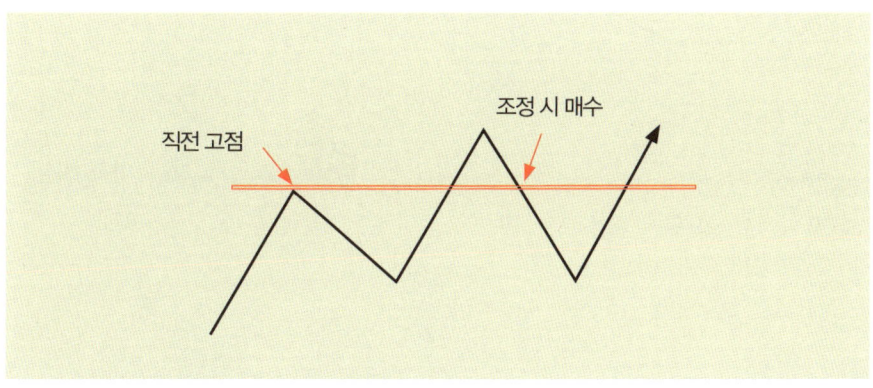

* 그림 4-13 두 번째 파동 후 조정 시의 저가 매수 공식

카프로의 차트를 보자.

카프로는 나일론의 원료인 카프로락탐을 생산하는 기업으로 천연섬유 가격 상승시 주가가 상승하는 구조를 가지고 있는 기업이다. 중국지역 부진으로 장기 하락이 발생하다 바닥에서 1차 급등이 발생하고 2차 상승 파동까지 기록했지만 상승 11구간에서 다시 조정을 받았다. 주가 생애주기 공식은 3번의 상승파동까지 발생하는 것이므로 2차 상승에서 조정 시 전고점 지지를 확인하고 매수에 가담한다. 이때 역시 4대 캔들이 발생해야 매수 신호로 해석한다.

2차 상승 후 전 고점 부근에서 지지를 받고 3차 상승 파동이 발생했는데 조정 시 저점에서 매수하고 다시 상승 11구간까지 목표가를 산정한다면 80%의 수익이 발생하게 된다.

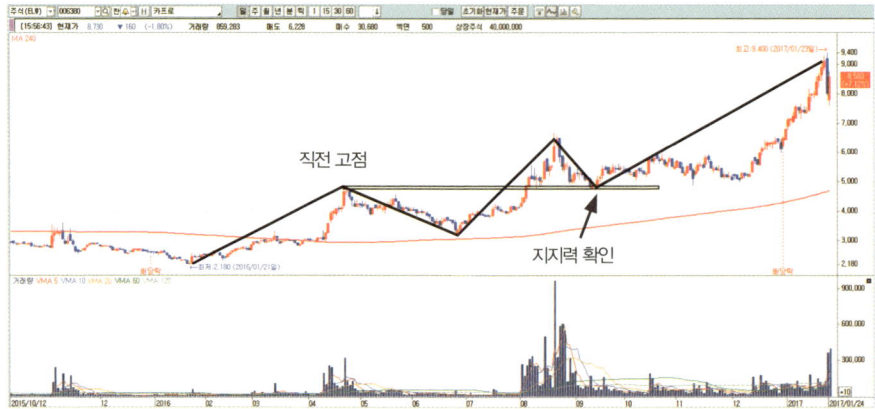

* 그림 4-14 카프로 주식 차트

3. 헤드앤쇼울드의 공식으로 폭락을 피하는 공식

헤드앤쇼울드형 패턴의 후퇴 라인은 오른쪽 어깨에서 주가의 저항선을 확인하고, 하락하는 초기 시점을 1차 후퇴 시점으로 잡아야 하며, 반등 시 매도를 못했을 경우에는 네크라인 붕괴 시를 최종 후퇴 시점으로 잡는 하나의 전략만으로도 충분하다.

주식 투자에 있어서 상투 매수만큼 무서운 것이 없지만, 수많은 투자자들은 그 지점에서 매수에 가담한다. 그렇다면 상투 매수를 피할 수 있는 방법은 없는 것일까? 지금부터 상투를 피하는 방법에 대해 한번 알아보자.

헤드앤쇼울드를 이용한 고가 매도

이 패턴은 주가의 모든 시세가 마무리되는 국면에서 발생하며, 완성되는 경우 지루한 추세 하락으로 이어지는 경우가 많기 때문에 완성 초기에 매도하는 전략으로 임하는 것이 좋다.

헤드앤쇼울드형 패턴은 왼쪽 봉우리를 어깨, 가운데 고점을 머리, 그리고 오른쪽 봉우리를 다시 어깨로 표시하며, 매물이 3중으로 쌓이게 되어 완성될 경우 단기간에 주가 회복이 어려워지는 패턴이다.

그림 4-15와 같은 형태로 하락하게 되므로 헤드앤쇼울드 완성 시 매수는 금지다.

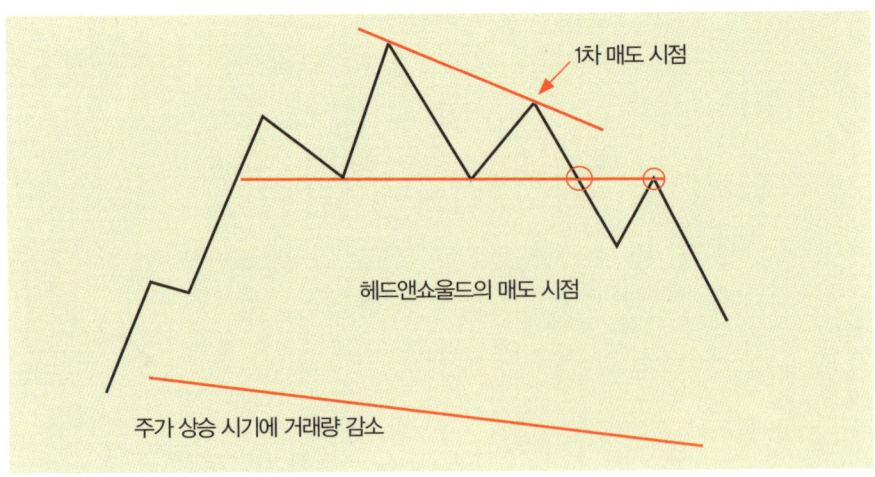

* 그림 4-15 헤드앤쇼울드 공식

헤드앤쇼울드형 패턴에서 각 정점에서의 거래량

왼쪽 어깨 > 머리 > 오른쪽 어깨로 형성된다. 왼쪽 어깨는 상승 곡선으로서 거래가 많이 형성되지만, 머리는 상승 에너지가 소멸되는 국면으로 거래가 줄어든다. 반면 오른쪽 어깨는 반등파로서 거래가 가장 적게 형성된다.

매도 시점

헤드앤쇼울드형 패턴은 오른쪽 네크라인이 붕괴될 때 비로소 형성되는 패턴이다. 그전에 주가가 다시 지지를 받고 상승한다면 주가의 재상승 가능성도 배제할 수 없기 때문이다.

헤드앤쇼울드형 패턴의 손절라인은 오른쪽 어깨에서 주가의 저항선을 확인하고, 하락하는 초기 시점을 1차 매도 시점으로 잡아야 하며, 반등 시 매도를 못했을 경우에는 네크라인 붕괴 시를 최종 후퇴 시점으로 잡는 하나의 전략만으로도 충분하다.

코스닥 차트를 보자.

코스닥은 급등세를 기록했지만 어느 순간 상승에 제동이 걸렸고, 다시 한 번 고점을 돌파했지만 또다시 하락하는 모습이 반복되었다. 3번의 고점을 형성할 때 우측 어깨 고점이 낮아지면서 헤드앤쇼울드에 대한 경고를 심어 주었고 결국 급락했다.

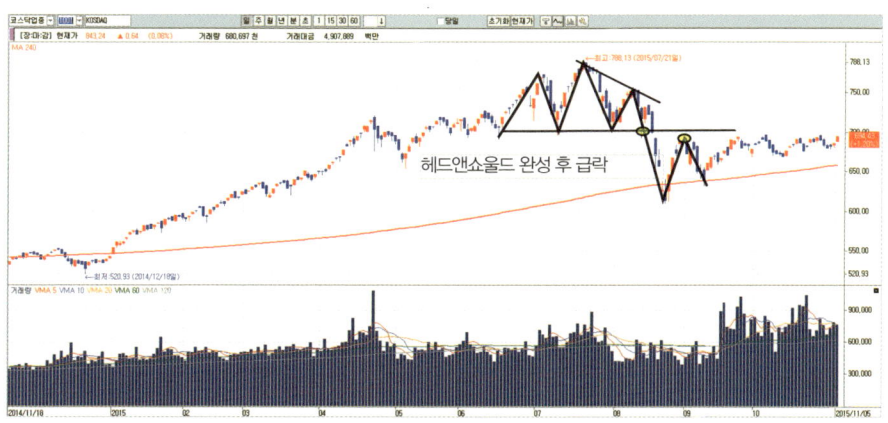

＊ 그림 4-16 헤드앤쇼울드형 패턴의 코스닥 차트

헤드앤쇼울드의 3번째 어깨에서 고점이 낮아지면 일단 매수를 멈춰야 이런 급락을 사전에 피할 수 있다.

그림 4-17의 이노션 주식 차트를 보자.

이노션은 장기간 상승을 기록하다가 상승 11 구간에서 주가 상승에 제동이 걸리기 시작했고, 일시적 고점 돌파 모습이 나오긴 했지만 고점 돌파 시 거래량이 줄어드는 모습을 보였다. 이때의 고점 돌파가 속임수임을 이제 알게 되었을 것이다.

오른쪽 어깨에서 고점이 낮아지는 모습이 관찰되면 매수를 금해야 한다.

네크라인이 붕괴되면 최종 매도 결정을 내려야 더 큰 손실을 피할 수 있다.

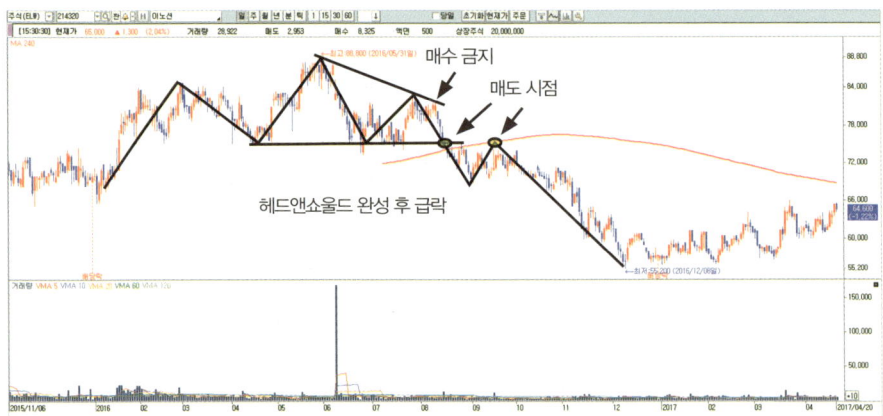

* 그림 4-17 이노션 주식 차트

4. 이중 천정의 하락 공식

전 저점을 대량 거래와 함께 이탈 시 1차 매도 시점이 된다. 이때 매도를 못했다면 추격 매도보다는 반등을 이용해서 매도를 해야 한다.

    이중 천정의 원리는 같은 가격대에서 매물이 이중으로 쌓이게 되어 주가 하락이 발생할 경우 매물 부담을 상당히 강하게 받는다는 것이다. 이러한 상황을 전쟁에 비유한다면 적군의 저항을 이겨내지 못하고 아군 대부분이 전사한 경우와 같다. 즉 앞으로 추가될 군사력이 부족해서 아군이 불리해지는 것이다.

    보통 고점에서는 대량 거래가 수반되는데 이것이 두 번 이상 반복되면 같은 가격대에서 그만큼 많은 투자자들이 손실을 보고 있다는 것이므로, 강력한 재료가 없다면 주가 상승을 기대하기 어려울 것이다.

    이중 천정은 속임수가 많다. 따라서 방향을 결정할 경우 대대적인 추세 하락으로 이어질 수도 있으니 방향이 확인되는 시점에서는 철저히 후퇴를 해야 한다.

이중 천정의 공식

    전 저점을 대량 거래와 함께 이탈 시 1차 매도 시점이 된다. 이때 매도를 못했다면 추격 매도보다는 반등을 이용해서 매도를 해야 한다. 전 저점 이탈 시 거래가 급증하지 않았다면 속임수일 가능성이 높다.

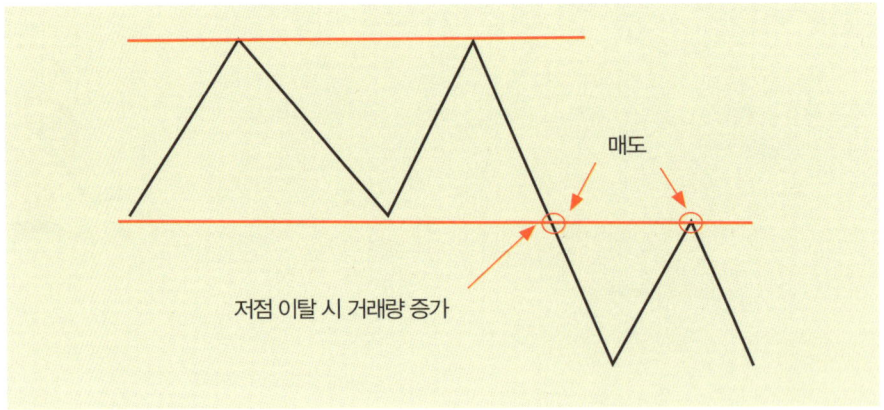

* 그림 4-18 이중 천정 공식

그림 4-19의 삼익THK 주식 차트를 보면 주가가 강한 상승세를 기록하고 있고, 전 고점 돌파 시도를 했지만 거래량이 수반되지 않아 하락 전환 위험이 예고되었음을 알 수 있다. 전 저점을 이탈하지 않는 구간에서는 매도를 하지 않아야 하지만 전 저점을 이탈할 때는 일단 매도해야 한다. 만약 매도 시점

* 그림 4-19 삼익THK 주식 차트

을 놓쳤다면 반등을 노려 다시 전 저점 부근까지 올라올 때를 기다려 매도해야 한다.

그림 4-20은 에스와이패널의 주식 차트다.

이 종목을 보면 이중 천정이 완성되지 않은 것과 완성된 것을 한 번에 보여주고 있다. 전 저점을 이탈하지 않고 오히려 지지를 받으면서 대반격이 나왔는데, 중요 지지라인에서 양봉이 출현해 아군이 반격을 위한 진지를 구축했음을 볼 수 있다. 이때는 매수 시점으로 봐도 무방하다. 앞서 지지라인에서의 양봉은 아군이 진지를 구축한 것이고, 이것이 매수 시점이라는 것을 설명했다.

그 후 두 번째는 전 저점이 이탈하며 대세 하락으로 접어들었음을 볼 수 있는데, 이때는 매도 시점으로 잡아야 한다.

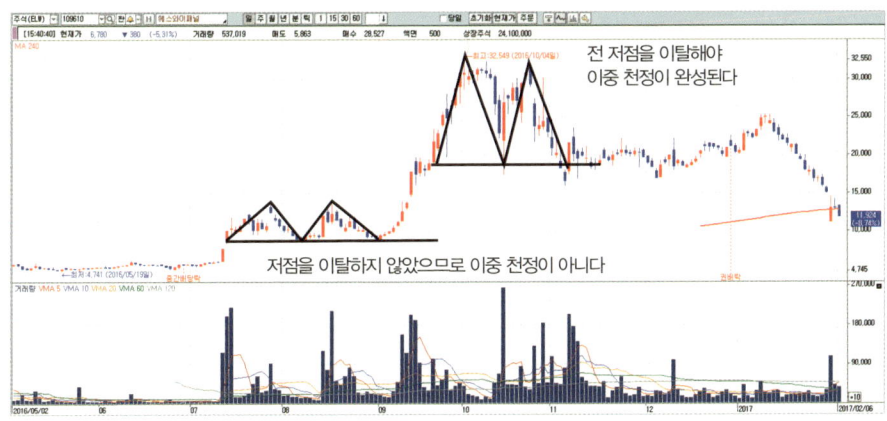

* 그림 4-20 에스와이패널 주식 차트

5. 하락 삼각형 공식

하락 삼각형 패턴에서는 지지선 붕괴를 강력한 후퇴 신호로 해석해야 한다. 지지선 붕괴 시는 반등의 기대를 접고 반드시 후퇴해야 한다.

상승 삼각형이 대세 상승으로의 진입이라면 하락 삼각형 패턴은 대세 하락으로의 진입을 의미한다. 하락 삼각형이 완성될 경우 투매 현상이 발생할 가능성이 상당히 높다.

일반 투자자들은 주가가 일정 가격대에서 지지를 받는 것을 기대하고 전저점 부근에서 매수에 가담하는 경우가 많다. 하지만 이때 지지력이 붕괴되면서 하락 삼각형이 형성되면 단기간에 큰 손실이 발생할 수 있다. 이때는 장중 매도 기회도 제대로 주지 않고 단 몇 분 만에 하한가 근처까지 급락하는 경우가 많으므로 이런 위험을 피하기 위해서는 하락 삼각형 패턴의 위험성을 정확히 알아야 한다.

전쟁에서 아군이 특정한 거점에서 엄청난 군사력을 동원해 방어해 왔는데, 적군의 강력한 공격으로 모든 군사가 전멸해 방어선이 뚫리면 다음 방어선까지 아무런 반격도 못하고 속수무책으로 밀리게 되는 것과 같은 원리다.

하락 삼각형 형성의 원리

하락 삼각형은 일정 가격대에서 지지는 지속적으로 발생하고 있으나, 고점이 지속적으로 낮아지는 형태로 이어지다 지지선이 붕괴되면서 강한 하락이 나오는 패턴이다. 여기서 저점이 한정되어 있다는 것은 일정 가격대만 오면 매수자들이 전 저점 지지를 기대로 매수에 가담한다는 것이다. 고점이 낮아진다는 것은 주가가 반등을 보일 경우 투자자들이 좀 더 낮은 가격으로 매도하는 것으로, 시간이 갈수록 매도 압박이 심해진다는 것을 뜻한다.

저점은 한정되어 있으나 고점이 계속 낮아지고 있다면 결국 지지선 붕괴로 이어지게 될 가능성이 높아지며, 실제로 지지선이 붕괴될 경우 기존의 매수자와 전 저점 지지를 기대로 매수에 가담한 투자자들의 투매가 발생하게 된다.

하락 삼각형 패턴의 특징
- 주가의 진동폭이 좁아질수록 거래량이 줄어든다.
- 지지선이 붕괴될 경우 주가는 장기 하락으로 이어지는 경우가 많다.
- 힘의 균형은 상승보다 하락으로 깨질 가능성이 높다.
- 지지선 붕괴 시는 대량 거래가 수반된다.
- 4번째 저점 이후부터는 지지선이 붕괴될 가능성이 높다.

손절라인
- 하락 삼각형 패턴에서는 지지선 붕괴를 강력한 후퇴 신호로 해석해야 한다. 지지선 붕괴 시는 반등의 기대를 접고 반드시 매도해야 한다.
- 고점의 하락 기울기가 급할수록 매도 압박이 강한 것을 뜻하므로 지지선이 붕괴될 확률이 높다. 따라서 이런 종목은 선매도로 손실을 줄여야 한다.

그림 4-21을 보면 3의 법칙이 적용된다는 것을 알 수 있다.
저점까지 3번 이상 찍으면 4번째부터는 저점이 붕괴될 위험이 커지

게 된다.

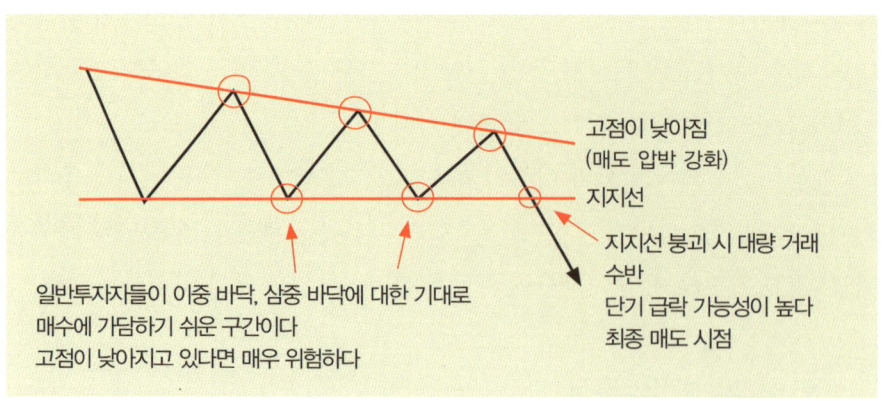

* 그림 4-21 하락 삼각형 패턴의 손절라인

그림 4-22는 일진머티리얼즈의 주식 차트다.

일진머티리얼즈는 전기차 기대감으로 강한 상승세를 기록했지만 어느 순간 상승 탄력이 둔화되기 시작했다. 투자자들은 15,000원대에서 수차례 저가 매수에 나서고 있지만, 매도자들이 시간이 지날수록 더 낮은 가격에 매도를 해서 고점이 낮아지고 있다는 것을 알 수 있다. 이때 4번째 이후 저점을 찍을 때는 극도로 조심해야 하는 구간이므로 매도 준비를 해야 하며, 저점 이탈시 반드시 매도로 대응해야 한다.

어떤 주식을 매수하고자 하는데 아래 종목처럼 하락 삼각형을 완성하고 있다면 매수를 금해야 한다.

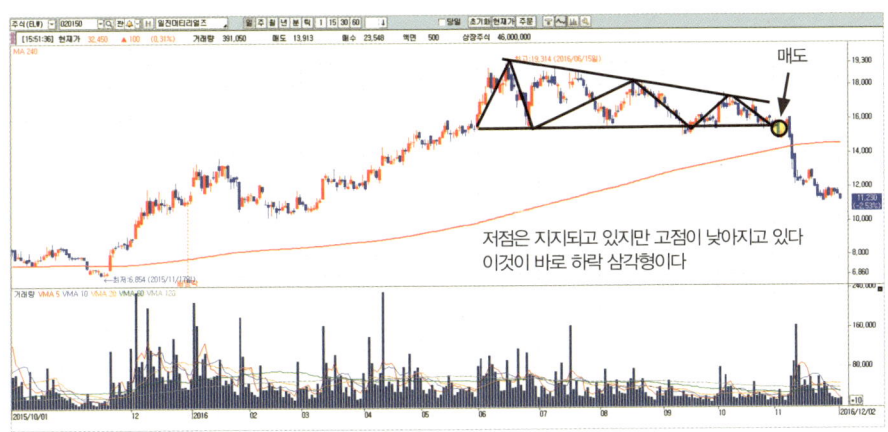

* 그림 4-22 일진머티리얼즈 주식 차트

그림 4-23 테라세미콘의 차트를 보자.

이 종목은 하락 삼각형의 무서움을 가장 잘 표현해 주고 있다. 주식 시장에 참여하는 투자자들의 심리는 전쟁에 참여한 군사들의 심리와 비슷하다 할 수 있는데, 방어라인이 무너지기 시작하면 여기저기서 먼저 도망가려는 사람들이 생기는 것을 떠올려 보면 하락 삼각형의 원리를 쉽게 이해할 수 있을 것이다.

테라세미콘은 19,500원에서 저점 매수가 유입되긴 했지만 고점이 지속적으로 낮아지고 있음을 볼 수 있다. 방어라인이 붕괴되기 시작하면 여기저기서 도망가는 투자자들이 발생해 주가가 급락하게 된다. 4번째 이후 저점 이탈 위험이 감지될 때는 서서히 물량을 줄여 나가야 할 것이다.

* 그림 4-23 테라세미콘 주식 차트

6. 삼각 수렴형 공식

3번째 이후 추세선 상단을 돌파하면 거래량 증가를 확인하고 매수에 가담하고, 추격 매수가 어려운 구간이라면 눌림 시 추세선 상단 지지를 확인하고 매수해야 한다.

보합 시세에는 무너지는 쪽으로 붙어라! 이것은 줄다리기의 원리와도 같다.

줄다리기는 처음에는 양쪽으로 왔다 갔다 하지만, 이후 힘이 빠지면 서로 버티기를 하다가 결국 이기는 쪽으로 급격히 끌려가게 된다.

오랫동안 주가가 옆으로 기는 횡보 양상 내지는 박스권의 형태를 보였던 주가의 경우, 상승이든 하락이든 어느 한쪽으로 방향이 잡히면 엄청난 상승이나 하락을 보일 가능성이 상당히 높다. 따라서 이럴 경우 주가의 흐름에 대한 자신의 주관적인 판단보다는 방향이 잡힌 쪽으로 따라가는 것이 바람직한 투자 전략이다. 삼각 수렴형 안에서는 신규 매수를 자제해야 하며, 추세선 상단 돌파가 확인될 때 매수에 가담해야 한다.

삼각 수렴형은 주가가 상승하면 매도자가 더 낮은 가격이라도 매도하고자 하고, 주가가 하락하면 매수자가 좀 더 높은 가격에 매수하고자 하는 경우에 고점은 낮아지고 저점은 점차 높아지는 형태로 발생하게 된다. 이런 현상이 지속되면 매수와 매도의 힘이 한 점에 수렴하게 되며, 그때 힘의 균형이 상승이나 하락 중 한 방향으로 깨지게 되면서 주가에 큰 변동이 발생하게 된다. 이때 주가는 상승으로 방향을 잡으면 단기 급등세를 보이게 되며, 하락으로 방향을 잡으면 단기 급락으로 이어지게 된다.

줄다리기를 할 때 양쪽의 힘이 비슷하면 당분간 큰 변동 없이 힘겨루기가 계속되지만, 힘의 균형이 깨지면 이기는 쪽으로 급격히 쏠리게 된다. 실전에서 아주 자주 사용되는 패턴이며, 단기 매매로 가장 유용하게 사용할 수 있는 패턴 중 하나이다. 탄력이 커지는 만큼 단기간에 수익을 올리고 빠져나올 수 있는 기법이며, 원리만 이해한다면 실전에서 수익을 올리는 데 많은 도움을 받을 수 있다.

이 기법은 다른 기법들과는 달리 선취매를 하는 것이 아니라 반드시 힘의 균형이 깨지는 것을 확인하고 매매에 가담해야 한다.

상승 돌파형 공식

여기서도 3의 법칙이 적용되는데 추세선 상단 돌파 시도가 3번 이상 발생하면 상단으로 돌파할 가능성이 높아지게 되지만, 수렴형 안에서는 매수를 자제하는 것이 좋다.

50:50의 확률에 배팅하는 것은 바람직하지 않다.

3번째 이후 추세선 상단을 돌파하면 거래량 증가를 확인하고 매수에 가담하고, 추격 매수가 어려운 구간이라면 눌림 시 추세선 상단 지지를 확인하고 매수해야 한다.

돌파 시도가 3번 이상 나와야 하며 거래량 증가가 확인되어야 한다. 매수 시점은 추세선 상단 돌파 시 또는 눌림을 이용해 추세선 상단 지지를 확인하고 매수해야 한다.

목표가는 평행사변형을 그려서 산정하게 된다.

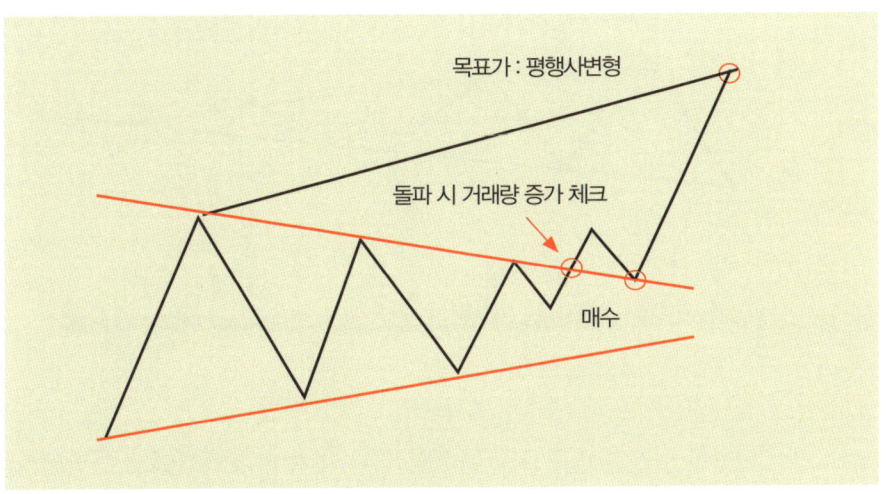

* 그림 4-24 상승 돌파형 삼각 수렴형 공식

그림 4-25는 대한제강의 주식 차트다.

대한제강은 국내 최대 철근 업체이며, 철근 가격 동향과 건설업에 가장 큰 영향을 받는 기업이다. 업황 호조가 시작되는 가운데 아주 장기간에 걸쳐 삼각 수렴형 패턴이 완성되었고, 5번의 시도만에 추세선 상단을 돌파했다. 장기간에 걸쳐 만들어진 종목일수록 주가 상승도 장기간에 걸쳐 발생하게 된다. 추세선 상단을 돌파할 때 거래량 증가가 확인되었으므로 추세선 상단 돌파 시에 매수하거나 추격 매수가 부담된다면 조정을 이용해서 추세선 상단 지지를 확인하고 매수하면 된다.

추세선과 진폭만 그릴 줄 안다면 이런 패턴을 만들어낼 수 있다.

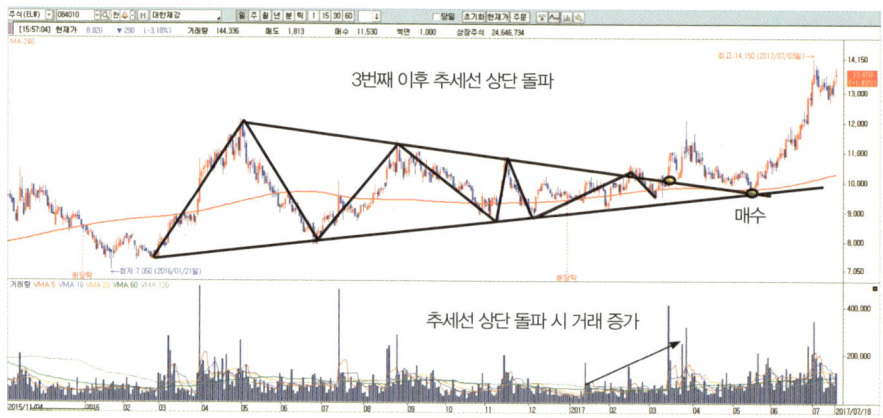

* 그림 4-25 대한제강 주식 차트

　그림 4-26의 베셀은 OLED 관련주로 매집 세력이 유입되었고 고점이 낮아지고 저점이 높아지면서 한 점에 수렴하는 모습이 장기간에 걸쳐 발생함으로서 고점 돌파 시 상당한 수익이 가능함을 예고해 주었다. 베셀은 추세선 상단 돌파를 4번이나 시도한 끝에 성공했고, 그 후 중장기적인 주가 상승이 발생했다. 이처럼 삼각 수렴형 패턴의 형성 기간이 길면 주가 상승도 중장기적으로 발생할 가능성이 높아지게 된다.

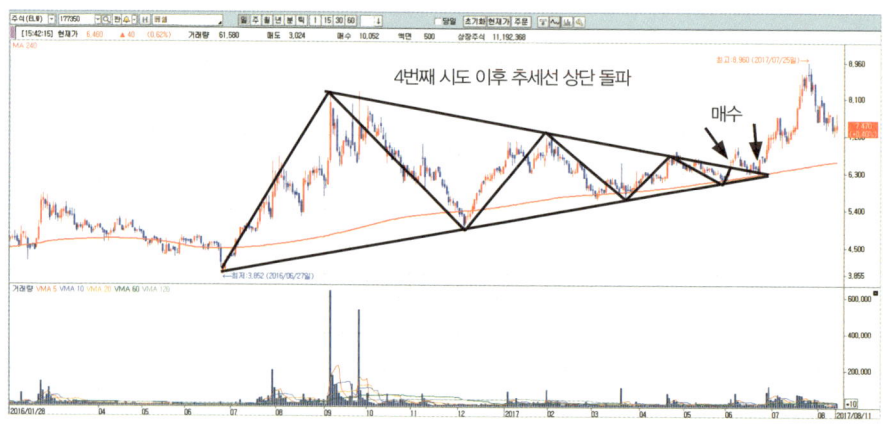

* 그림 4-26 베셀 주식 차트

연습용 차트 8

삼각 수렴형 패턴을 그려보고 매수 시점과 목표가를 산정해 보자.

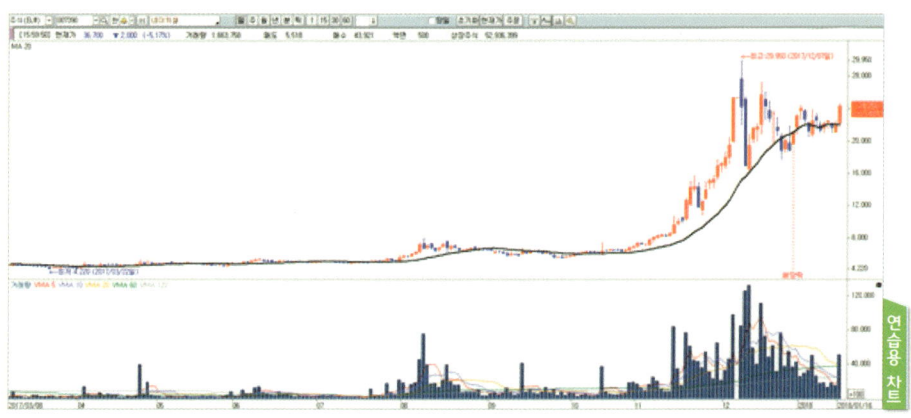

* 그림 4-27 연습용 차트 8

하락 돌파형 공식

여기에서도 3의 법칙이 적용된다. 추세선 하단 돌파 시도가 3번 이상 발생하면 하단으로 돌파할 가능성이 높아지게 되므로 매수하고자 하는 종목이 수렴형 안에 위치하고 있다면 상단 돌파가 확인될 때까지 매수하지 않아야 한다.

3번째 이후 추세선 하단을 돌파하면 매도하고, 과도한 하락이 발생하면 추격 매도를 자제하고 반등을 노려서 매도해야 한다.

돌파 시도가 3번 이상 나와야 하며, 거래량 증가가 확인되어야 한다. 매도 시점은 추세선 하단 돌파 시 또는 반등을 이용해서 매도해야 한다.

하락 목표치는 평행사변형을 그려서 산정하게 된다.

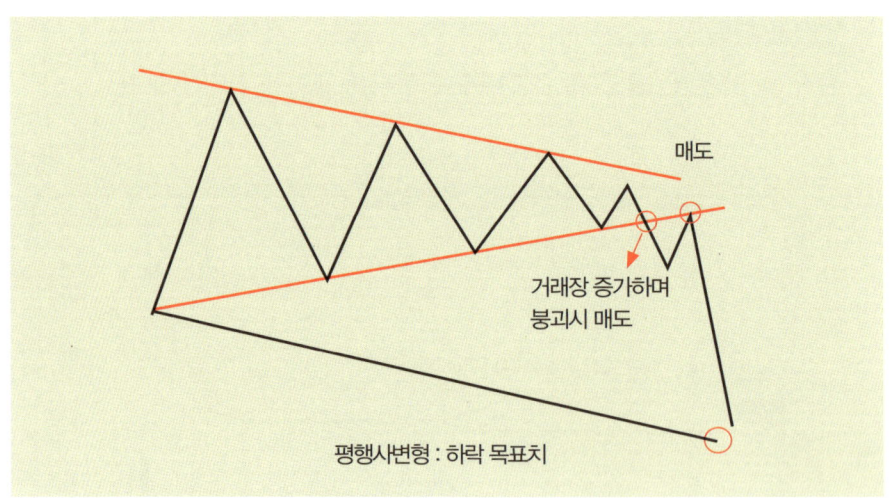

* 그림 4-28 하락 돌파형 삼각 수렴형 공식

그림 4-29는 한국콜마의 주식 차트다.

한국콜마 홀딩스 주가는 하락세를 보이다 일시적으로 매도세와 매수세가 힘겨루기 하는 모습을 보이고 있다. 이 때는 누가 이길지 알 수 없는 상황이므로 수렴형 안에서는 매수를 하지 않아야 한다. 한국콜마는 4번째 이후 저점이 붕괴되면서 단기간에 폭락하는 모습을 보였는데 공식에서 나오는 반등도 없이 급락했다.

삼각 수렴형 패턴 안에서 주식을 매수하지 않아야 하는 이유를 한눈에 알게 해주는 종목이다.

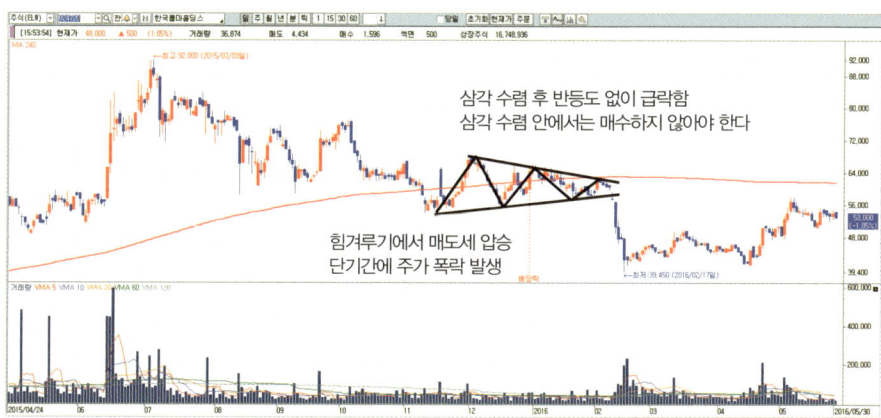

* 그림 4-29 한국콜마 주식 차트

그림 4-30은 코디엠의 주식 차트다

코디엠은 고점에서 1차 급락 후 삼각 수렴형이 발생했는데, 급락 후 발생하는 삼각 수렴형은 2차 급락을 불러오는 경우가 많으므로 특히 주의해야 한다.

코디엠은 시세를 완벽하게 수렴했다. 이때 많은 투자자들은 매집이라 생각하고 매수에 나서는 경우가 많은데 수렴형 안에서는 웬만해서는 매수하지 말아야 한다.

4번째 이후 저점이 붕괴되면서 걷잡을 수 없는 하락이 나왔지만, 다행히 코디엠은 공식대로 한번의 반등 파동을 주고 급락했으므로 그 시점이 매도 시점이 된다. 그림 4-30에 표시된 지점이 매도 시점이다.

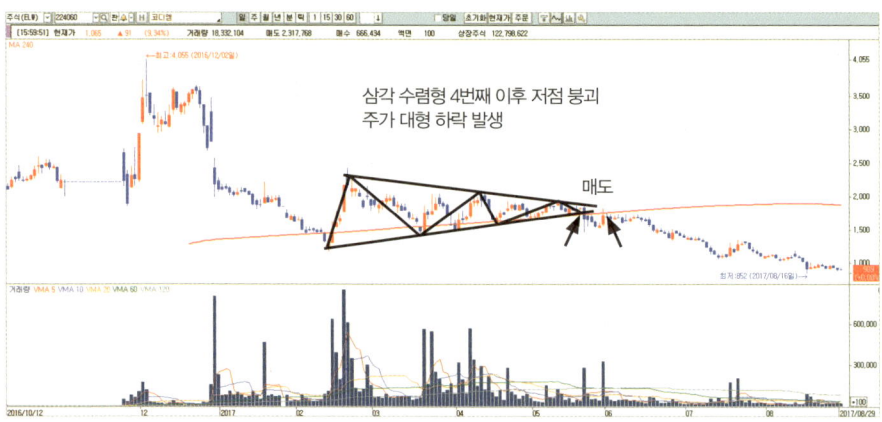

* 그림 4-30 코디엠 주식 차트

연습용 차트 9

아래 차트에서 삼각 수렴형을 찾고 매도 시점과 하락 목표치를 찾아보자.

* 그림 4-31 연습용 차트 9

알돈주깨4 알아두면 돈이 되는 주식 투자의 깨알 팁

과열권 종목은 끝까지 간다. 물려도 주도주에서 물려라!

주식 시장은 주도주가 당분간 지속적인 상승세를 기록하게 되며, 과열권인듯하지만 조정 후 또다시 상승하게 된다. 그래서 업종이든 테마주든 물려도 주도주에서 물려야 한다. 보통 투자자들은 주도주가 많이 오르면 후발주를 매수한다.

물론 주도주가 급등하면서 시장에 알려지지 않은 동종 업종의 종목이 있다면 그 종목을 매수하면 큰 수익을 올릴 수 있지만 시장에 알려져 있는 후발주는 선두주의 흐름에 따라 급등락하게 된다.

시장에 테마주가 발생했을 경우 첫 상승은 비슷한 규모로 상승하게 되지만, 이후 후발주의 상승 탄력은 떨어지게 되며, 주도주가 계속해서 상승하게 된다.

여기서 주도주란 실질적인 실적 전망이 가장 높은 종목이 될 수도 있지만, 대부분은 가장 강력한 매수 세력이 들어와 있는 종목을 주도주로 본다.

시가 총액 상위 종목

시가 총액 상위 종목은 시장을 주도하게 되며, 이들 종목에 의해 지수가 오르고 떨어지는 경우가 많다. 따라서 이런 주도주가 밀리면 다른 종목들은 더 크게 하락한다. 지수가 오를 때는 주도주의 상승 탄력이 후발주에 비해서 강하게 나타나게 된다. 과열권이지만 분명 시장을 주도하는 것이다. 주도주가 바뀌지 않는 한 주도주는 지수를 움직이게 되므로 물려도 주도주에서 물려야 하는 것이다.

지수 조정 후 재상승할 때 주도주가 가장 먼저 움직인다는 것을 명심하라!
예를 들어 시장에서 전기전자 업종이 급등하면서 시장을 상승시키다 지수가 조정을 받을 경우, 전기전자 업종의 하락폭은 적은 반면, 후발주의 하락은 크다. 조정 이후 지수가 상승으로 전환될 경우 전기전자 업종은 크게 상승하지만 후발주는 그보다 탄력이 줄어들게 된다.

테마주

테마주는 반드시 주도주를 잡아야 한다. 여기서 주도주란 단기 상승폭이 가장 큰 종목을 뜻한다. 주도주는 조정 이후 또다시 급등하게 되지만, 후발주는 2차 급등에 실패하는 경우가 대부분이다.

하나의 거대 테마가 발생했을 경우 주도주의 상승 파동은 3번 이상 발생하는 게 대부분이지만 후발주일수록 상승 파동은 적으며 대부분 1번의 상승 파동으로 마무리된다.

예를 들어 비트코인 광풍으로 비트코인 테마가 형성되었을 경우 가장 먼저 급등한 종목은 업비트 지분을 보유한 우리기술투자였다.
그림 4-32는 우리기술투자의 차트로, 1차 상승이 가장 강하게 발생했던 종목이며, 이후 후발주들이 우후죽순으로 시장에서 급등하기 시작했다.
시세가 마무리되는 국면에서 주도주인 우리기술투자의 하락폭은 미미했지만 후발주의 하락폭은 원점까지 되돌아가는 경우가 많았다.

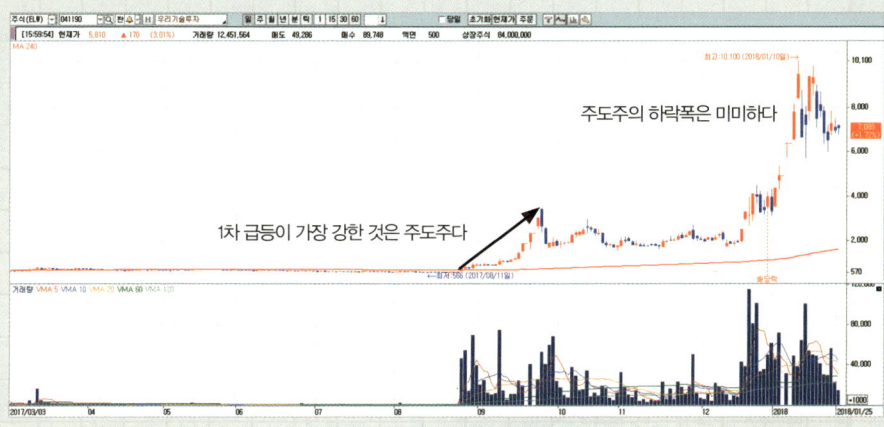

* 그림 4-32 우리기술투자 주식 차트

　　다시 한 번 비트코인 테마에 대한 호재가 발생할 경우 가장 먼저 급등하는 종목은 주도주인 우리기술투자가 될 것이다.

Chapter 05

한동훈의 급등주 필살기 공개

20일선을 돌파하고 짧게는 2일, 길게는 10일 정도 주가가 빠지지 않고 버티게 되면 20일선의 기울기는 상향으로 전환된다. 이것을 디딤돌로 해서 앞서 설명한 양봉이 발생하면 강력한 매수 급소가 된다.

1. 20일 포복기법

역망치 양봉은 악성 매물을 받는 과정에서 자주 발생하며, 성공하면 엄청난 수익으로 직결되며, 실패를 하더라도 손실률이 그다지 크지 않기 때문에 안정적 급등주 패턴으로 사용할 수 있다.

20일 포복기법의 원리

20일선의 하락 기울기가 급할수록 20일선의 저항력은 강할 수밖에 없다. 주가가 20일선 밑에서 위로 상향 돌파할 경우 20일선을 기준으로 10~15% 이상 상승하게 되면 단기적으로 매물이 급증하게 되어 주가가 조정을 받게 된다. 이때 투자자들이 보이는 모습이 전쟁에서 총알을 피하기 위해 포복하는 군인의 모습과 비슷하여 필자는 포복기법이라는 이름을 붙였다. 쏟아지는 매물 폭탄을 피하기 위해서는 포복을 해야 한다.

20일선은 수급을 나타내는 중요 이동평균선으로, 이 선을 잘 활용하면 안정적으로 큰 수익을 노릴 수 있다. 주가가 20일선을 1차적으로 상향 돌파하게 되면 대부분 숨고르기가 발생한다. 그 후 주가는 상승하는 20일선의 지지를 받고 전 고점을 돌파하며 급등하든지, 아니면 반등 후 하락하게 된다. 보통 20일선에서는 반등 시도가 나오기 마련이지만 간혹 나오지 않고 하락하는 경우도 있으므로 무조건 20일선에서 주가가 형성된다고 매수하면 실패 시 큰 손실을 입을 수도 있다.

따라서 20일선에서 지지가 발생하는 종목을 공략할 때는 반드시 아래의 원칙을 만족하는지를 먼저 살펴야 한다. 20일선 돌파 후 숨고르기는 대부분 5~9일 정도가 적당하며, 그 이상이 되면 오히려 20일선을 이탈할 수 있기 때문에 숨고르기가 짧을수록 급등주가 될 확률이 높아진다.

20일선 돌파 후 숨고르기가 발생할 때 20일선 지지로 양봉이 발생해야 급등으로 이어질 수 있는 신호로 볼 수 있다. 음봉으로 지지를 받을 경우에는 무조건 매수에 가담할 것이 아니라 다음날 양봉이 발생하는 것을 확인하고 공략해야 한다.

20일선을 돌파하고 짧게는 2일, 길게는 10일 정도 주가가 빠지지 않고 버티게 되면 20일선의 기울기는 상향으로 전환된다. 이것을 디딤돌로 해서 앞서 설명한 양봉이 발생하면 강력한 매수 급소가 된다.

포복기법의 이상적 급소

20일선 돌파 후 밀려오는 매물 폭탄을 피하기 위한 포복이 진행되고 이후 주가는 다시 상승한다. 20일 포복기법은 하락하던 주가가 20일선을 상향 돌파하고 하락하던 20일선이 평형 또는 상승으로 전환될 때 20일선 지지를 받는 양봉을 확인하고 매수하는 것이다.

이때 거래량은 양봉에서 소폭 증가하는 것이 좋다.

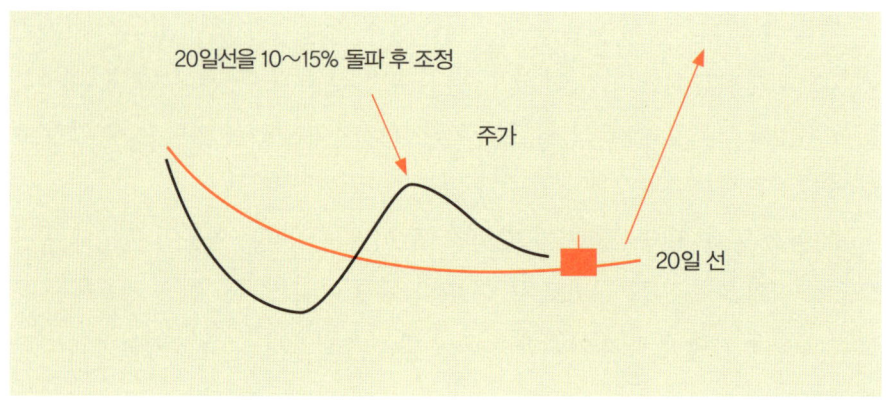

* 그림 5-1 포복기법의 이상적 급소

20일선 지지를 받을 때 앞에서 배운 4대 캔들이 나오면 매수 급소로 본다.
즉 20일선에서 역망치 양봉, 가속 캔들, 브레이크 캔들, 상승장악형 캔들이 나오면 매수 신호로 판단하는 것이다.

20일선에서 발생하는 역망치 양봉이 가장 좋다.
역망치 양봉은 급등주로 탄생할 가능성이 가장 높은, 주식 시장 최고의 캔들이다. 역망치 양봉은 20일선을 축으로 시초가가 형성된 후 매수 세력이 유입되며, 장중 강한 상승세를 기록하지만 종가 부근에서 매도세에 밀리며 위꼬리를 형성할 때 발생하게 된다.
역망치 양봉 캔들은 출현 위치에 따라 조금씩 다르지만 대부분 강한 상승으로 이어지게 된다. 세력들은 물량 체크 시 주가를 올렸다 빼는 경우가 많은데 바로 그 증거가 역망치 양봉의 출현이다. 포복기법에서 역망치 양봉은 악성 매물을 받는 과정에서 자주 발생하며, 성공하면 엄청난 수익으로 직결된다. 실패를 하더라도 손실률이 그다지 크지 않기 때문에 안정적 급등주 패턴으로 사용할 수 있다.

2. 급등주의 조건과 매수 시점

역망치 양봉 발생일 종가 부근에서 매수하는 것이 가장 이상적이지만 만약 매수하지 못했다면 다음날 상승 출발 후 음봉이 출현할 때 매수에 가담한다.

급등주가 되기 위한 조건

조건 1: 역망치 양봉의 위꼬리가 몸통과 같거나 짧은 것이 좋다.

조건 2: 역망치 양봉 출현 시 위꼬리가 몸통에 비해 과도하게 짧아도 좋지 않다. 역망치 양봉의 최고 신뢰도는 몸통이 3, 위꼬리가 1을 차지하는 비율이다.

매수 시점

역망치 양봉 발생일 종가 부근에서 매수하는 것이 가장 이상적이지만 만약 매수하지 못했다면 다음날 상승 출발 후 음봉이 출현할 때 매수에 가담한다.

위의 구간에서 매수를 놓쳤다면, 역망치 출현 다음날 음봉에서 양봉으로 전환될 때를 마지막 매수 기회로 잡아야 한다.

손절라인

20일 포복 급소가 나온 날의 역망치 양봉 시작점을 손절가로 설정해야 한다.

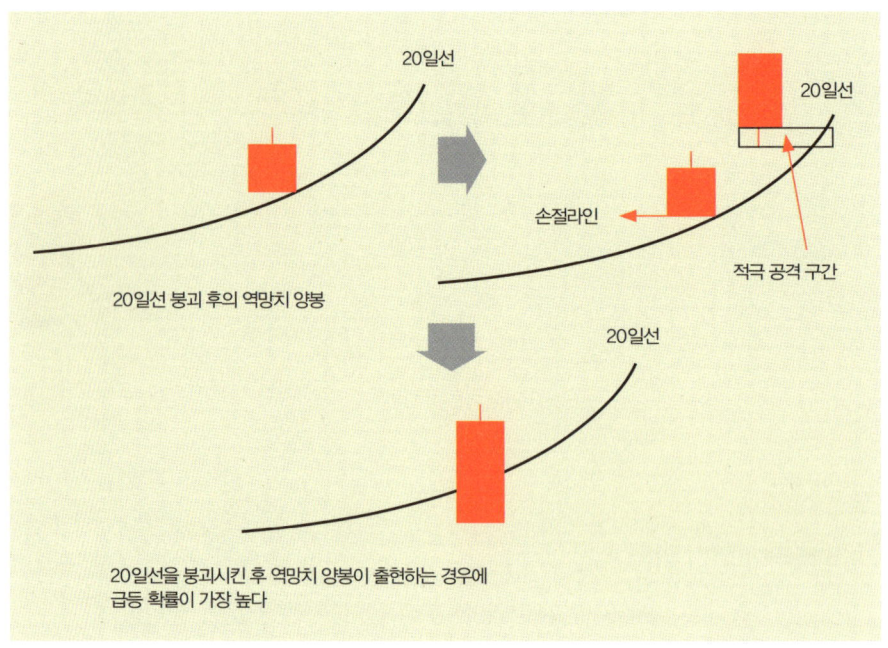

* 그림 5-2 포복기법의 매수 시점과 손절라인

　중요한 점은 역망치 양봉 출현 시 아래꼬리가 없는 것이 좋으며, 조금이라도 있으면 신뢰도가 급격히 떨어진다는 점이다.

3. 손절라인 붕괴 시 손절하는 방법

주식에서 손실이 적을 때 매도하는 것이 손절이다. 손실이 커지면 손절이 아닌 팔을 자르는 것이 되므로 손절이라고 말할 수 없다.

주식 시장이 상승장일 경우 손절을 하지 않아도 주가가 다시 매수가 위로 올라오는 경우가 많지만 하락장이 시작되면 걷잡을 수 없는 손실로 이어지는 경우가 많다.

주식 투자로 상승장에서 수익을 내다가 하락장에서 손실로 전환되는 이유는 바로 손절을 하지 않기 때문이다. 손절라인을 설정하고 손절하는 방법만 안다면 그 어떤 하락장도 큰 손실 없이 이겨낼 수 있다.

주식에서 가장 안정적인 소실대득 전략은 '수익은 크게, 손절은 짧게'이다.

주식도 농사와 같다. 종목을 8개 사면 8개의 씨앗을 뿌린 것이고, 한 개만 사면 한 개의 씨앗만 뿌린 것이므로 하나의 씨앗만 뿌렸다면 잘못될 경우 모든 농사를 망치고 마는 것이다.

씨앗은 재수가 없으면 쭉정이가 될 수도 있다. 쭉정이를 늦게까지 놔두면 어떻게 될까? 뿌린 씨가 봄이 지나고, 여름이 지나고, 가을이 지나도 싹이 나지 않으면 1년 농사를 망치게 된다.

매수한 주식에 문제가 있으면 빨리 잘라내서 새로운 종목으로 교체해야만 한다.

그리고 농부가 씨앗을 여러 개 심어서 큰 피해를 막는 것처럼, 7개 이상의 종목에 분산 투자해야 한다. 그렇게 하면 씨앗 한두 개가 쭉정이라도 나머지 5개가 풍성한 열매를 맺어 1년 농사에 성공하는 농부처럼, 당신 또한 성공한 주식 투자자가 될 수 있다.

주식에서 손실이 적을 때 매도하는 것이 손절이다. 손실이 커지면 손절이 아닌 팔을 자르는 것이 되므로 손절이라고 말할 수 없다. 손절을 잘하는 투자자가 진정한 프로라는 것을 기억하기 바란다.

종가를 보고 손절하는 방법

포복기법의 경우 20일선 지지를 받는 양봉의 시작점이 손절라인이 된다. 장중에 이 가격을 이탈했다고 매도하게 될 경우 일시적 흔들기에 당할 가능성이 상당히 높은 만큼 철저히 종가 기준으로 손절가 이탈 여부를 체크해야 한다.

종가를 보고 손절하는 방법은 아래와 같다.

주식은 매수하기 전부터 플랜 B를 설정해야 한다. 대부분의 투자자들이 성공만을 생각하며 자신이 실패했을 때를 가정하지 않는 경우가 많다. 주식은 전쟁이다. 전쟁을 하는데 있어서 플랜 A만 있다면 어떻게 될까? 계획이 실패했을 경우 우왕좌왕하다가 죽고 마는 것이다.

따라서 주식을 매수하기 전부터 플랜 A와 플랜 B를 함께 설정해야 하는데,

상승할 때의 전략은 플랜 A, 실패했을 때의 전략은 플랜 B로 손절가를 설정하는 것이다.

20일선 지지를 받는 양봉의 시작점이 10,000원이라고 가정해 보자. 그런데 이 종목이 장중 10,000원 이하까지 하락한다고 해서 바로 매도에 가담해서는 안 된다. 장중에는 얼마든지 흔들림이 발생하기 때문에 종가를 봐야 하며, 종가 기준으로 10,000원이 깨지지 않으면 절대로 매도하지 않아야 한다.

만약 종가 기준으로 손절가인 10,000원을 이탈했다면 그날은 어차피 주식 거래가 끝나서 매도할 수가 없을 것이다. 종가로 10,000원이 깨진 게 확인되었으니 다음날 매도를 해야 하는 게 정상이지만, 오전장에 바로 매도하지 말고 그날의 흐름을 체크해야 한다.

이제 종가를 보지 않고 장중 그 전날의 최저가를 이탈한다면 그때는 종가를 볼 필요 없이 장중에 주식을 매도하는 것이 좋다.

세계 최고의 주식 1인자도 승률 70%가 되지 않는다. 그 또한 손절로 손실을 방어한다는 것을 알아야 한다. 과거 현대차, LG화학, OCI, 인터플렉스를 가장 떠들썩할 때 매수했다고 가정해 보자. 그 종목들은 모든 상승이 마감되면서 대세 하락이 시작되었는데 이때 손절을 하지 않았다면 얼마나 큰 손실을 보았겠는가.

이와 같은 사례는 현대중공업, 한진해운, 현대상선, 삼성테크윈, 삼성엔지니어링, 삼성전기. 삼성SDI 등 셀 수 없이 많다. 주식은 매수 시점에 따라 손절이 없을 수도 있지만 매수 시점이 잘못되면 반드시 손절을 해야 한다.

4. 매수 금지 종목을 보는 방법

20일선과 역망치 양봉의 시작점이 떨어져 있는 경우 포복 매수 급소가 아니다.

20일선에서 역망치 양봉이 출현할 경우 역망치 양봉의 시작점이 20일선에서 떨어져 있으면 오히려 매수 금지가 된다. 이런 경우 주가는 상승하는 척 하다 다시 20일선을 붕괴하며 급락하는 경우가 많다.

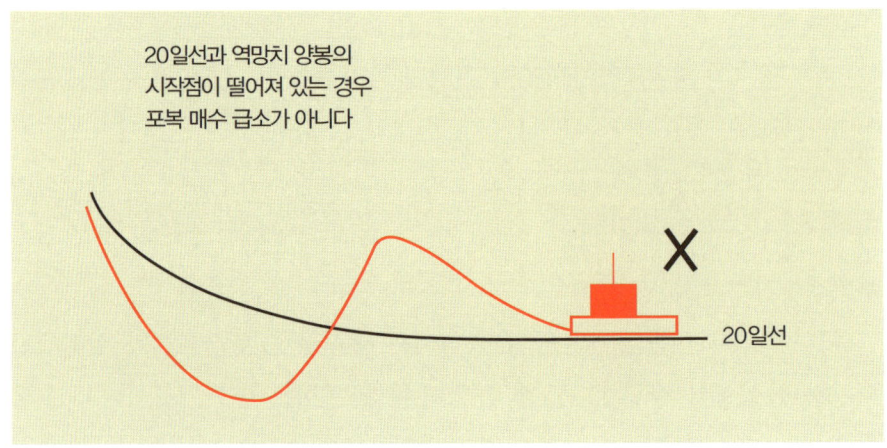

* 그림 5-3 매수 금지 종목을 보는 방법

매수 금지 종목을 보는 방법은 그림 5-4와 그림 5-5를 보면 쉽게 이해할 수 있다. 이 종목의 경우 20일선 돌파 후 역망치 양봉이 출현하긴 했지만, 역망치 양봉의 시초가가 20일선에서 떨어져 있다는 것을 알 수 있다. 따라서 이것은 20일 포복 매수 급소로 볼 수 없다.

* 그림 5-4 20일 포복 매수 금지 종목 사례 1

* 그림 5-5 20일 포복 매수 금지 종목 사례 2

5. 20일선 각도로 급락주 피하기

20일선의 기울기가 하락에서 평형으로 전환되고 있는 상태에서 역망치 양봉이 출현하면 매수 급소로 판단한다.

    20일선의 상승각도가 25도 이상으로 급한 경우에는 매수를 금해야 한다.
    포복기법의 핵심은 20일선의 기울기가 하락에서 평형이나 상승으로 전환되는 초기에만 매수를 진행하는 것이다. 만약 주가 급등 후 20일선의 상승 각도가 25도 이상으로 가파르게 진행된다면 오히려 급락 위험이 높으므로 이런 경우에는 절대로 매수에 가담해서는 안 된다.
    20일선의 상승각도가 25도 이상으로 가파른 경우에는 20일선이 붕괴될 위험이 최고조에 달하게 된다.

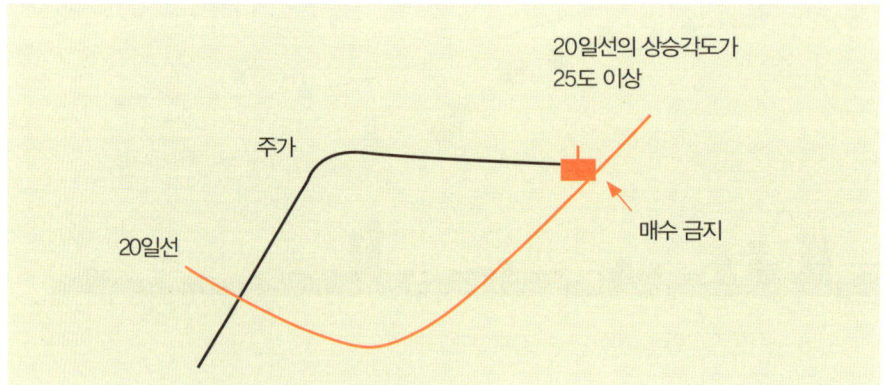

* 그림 5-6 20일선의 상승각도 분석법

20일선의 상승각도가 가파른 경우의 80%는 20일선이 붕괴하게 되므로 이런 종목을 매수하게 되면 손절하는 일이 잦아질 것이다.

따라서 반드시 포복기법 상의 매수 급소와의 차이점을 구별해 낼 줄 알아야 한다.

그림 5-7의 차트를 보면 쉽게 이해할 수 있을 것이다.

20일선 상승각도가 25도 이상으로 가파른 경우 20일선 지지가 있었지만 급락이 나온 반면, 20일선이 상향기울기로 전환되는 시점에서는 주가 급등이 발생했다.

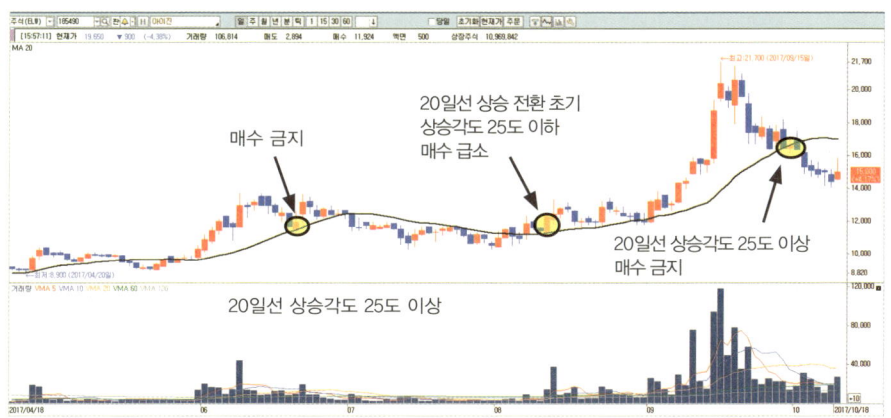

* 그림 5-7 20일선의 상승각도 분석 사례 1

그림 5-8의 종목도 3번이나 20일선에서 양봉이 출현했지만 급등은 한 번 밖에 없었다.

첫 번째 발생한 시점의 20일선 기울기를 보면 하락에서 평형으로 전환되는 구간에서 역망치 양봉이 출현했음을 볼 수 있는데, 이 시점이 매수 급소이다. 뒤에서 나온 양봉에서 20일선 상승각도를 보면 모두 25도 이상으로 가파르다는 것을 알 수 있는데, 둘 다 20일선이 붕괴되는 하락이 발생했다.

* 그림 5-8 20일선의 상승각도 분석 사례 2

실전을 위해서는 포복기법 후 주가가 얼마나 상승하는지 많은 사례를 통해 공부해 보는 것이 중요하다. 지금부터 포복기법의 사례를 살펴보자.

1) 데이타솔루션 차트

그림 5-9의 데이타솔루션 주식 차트를 살펴보면, 2번 정도 20일선 지지를 받는 역망치 양봉이 출현했지만, 20일선의 기울기가 하락을 유지하고 있어 매수 조건에 해당하지 않으므로 매수에 가담해서는 안 된다. 주식은 조건이 조금이라도 어긋나면 상승 확률이 떨어지므로 매수에 신중을 기해야 한다.

두 번째 발생 때는 20일선의 기울기가 하락에서 평형으로 전환되고 있는 상태에서 역망치 양봉이 출현했으므로 매수 급소로 판단한다. 포복 급소 출현 후 데이타솔루션 주가는 상한가를 기록했다.

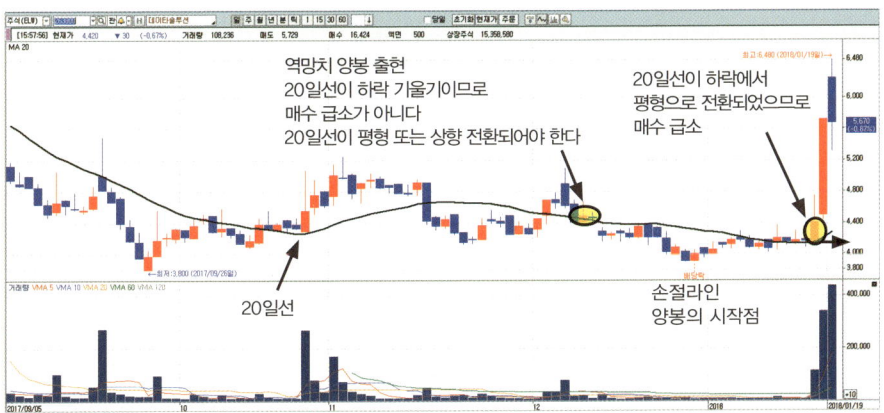

* 그림 5-9 데이타솔루션 주식 차트

2) 텔레필드 차트

그림 5-10의 텔레필드 주식 차트를 살펴보면, 포복기법 매수 급소가 여러 번 나온 것처럼 보이지만 제대로 된 매수 급소는 한번밖에 없었음을 알 수 있다. 앞에서 발생한 것은 역망치 양봉의 시초가가 20일선과 떨어져 있어 매수 급소라고 볼 수 없다. 뒤에 발생한 양봉을 보면 시초가가 20일선과 접해 있고, 20일선 기울기도 상승으로 전환되는 초기이므로 모든 조건을 만족했다고 볼 수 있다. 매수 급소이며 이후 주가는 20% 이상 상승했다.

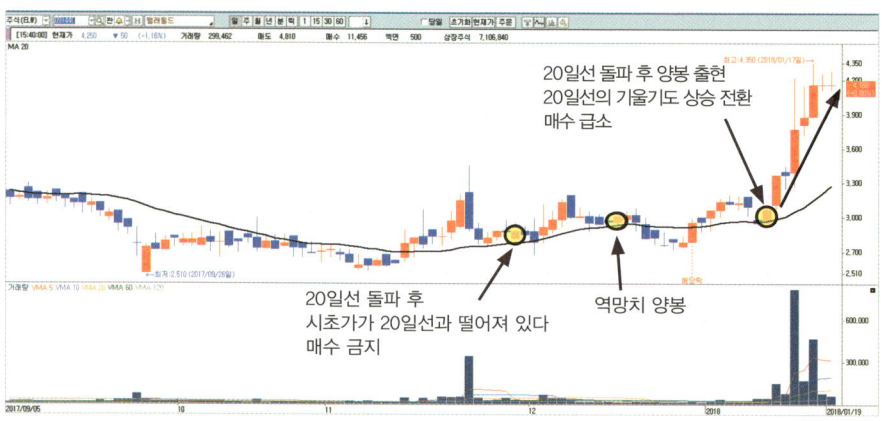

* 그림 5-10 텔레필드 주식 차트

3) 삼양식품 차트

그림 5-11 삼양식품의 주식 차트를 보면, 가장 이상적인 급소가 나왔으며 100% 이상 주가 상승이 발생했다.

주가가 20일선을 10% 정도 상향 돌파 후 조정이 나왔고, 이후 20일선 지지를 받는 역망치 양봉이 출현했는데 모든 조건을 만족시키고 있다. 20일선의 기울기가 상향 전환 초기 단계이며 역망치 양봉의 시초가가 20일선과 붙어 있다는 것도 매우 좋다. 앞에 있는 양봉은 시초가가 20일선과 떨어져 있어 매수 급소라고 볼 수 없다.

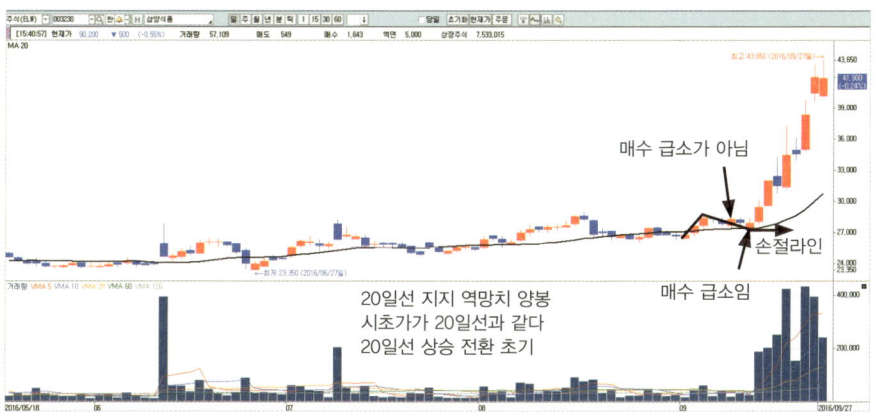

* 그림 5-11 삼양식품 주식 차트

4) AJ렌터카 차트

그림 5-12의 AJ렌터카 주식 차트를 살펴보면, 앞에서 발생한 양봉은 20일선 기울기가 하락을 유지하고 있음을 볼 수 있다. 따라서 여기서 발생한 역망치 양봉은 매수 급소로 볼 수 없다. 한편 뒤에서 발생한 것을 잘 보면 20일선이 평형에서 상승으로 전환되는 초기에 역망치 양봉을 포함한 3개의 양봉이 출현했고, 역망치 양봉의 시작점이 20일선 아래에서 출발했으므로 최상의 조건이라 볼 수 있다.

주식 시장에는 2,000개 이상의 종목이 있어 이와 비슷한 모습을 보유한 종목들은 하루에도 몇 개가 발생하므로 최대한 조건에 만족하는 종목을 골라 매수해야 한다.

하나의 조건을 만족하는 것보다는 몇 개의 조건을 모두 만족하는 종목을 찾아서 매수해야 상위 1%에 들어갈 수 있다.

* 그림 5-12 AJ렌터카 주식 차트

5) 애니젠 차트

그림 5-13 애니젠 주식 차트의 경우, 20일선 지지가 두 번 나왔지만 앞에서 발생한 부분은 강력한 매수 급소이고, 두 번째는 매수 금지 구간이 된다.

20일선의 상승 기울기가 평형에서 상승으로 전환되는 초기에 20일선과 붙어 있는 역망치 양봉이 출현했는데, 이때 양봉의 거래량이 전일 대비 조금만 증가해도 강력 매수 급소가 된다.

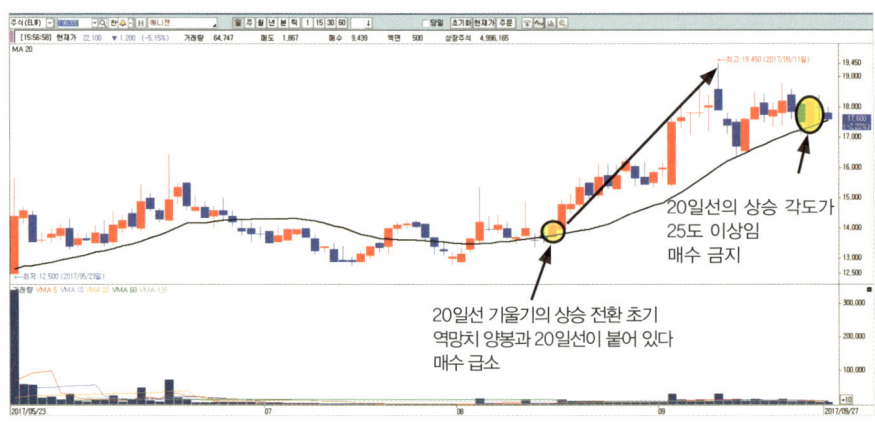

* 그림 5-13 애니젠 주식 차트

뒤에서 발생한 20일선 지지 양봉이 왜 매수 금지인지는 이제 독자 여러분도 알 수 있을 것이라 믿는다.

반드시 기억할것은 20일선 지지 받는 양봉이 발생할 때 20일선 기울기가 하락이여도 안되고 25도 이상으로 급해도 안된다는 점이다. 20일선이 평형에서 상승으로 전환될 때의 양봉만 매수가 가능하다.

연습용 차트 10

아래 차트에서 포복 매수 급소와 매수 금지를 찾아보자. 만약 이것을 찾을 수 있다면 상위 1%에 진입하기 위한 최소한의 실력을 갖게 되었다고 볼 수 있으니 스스로에게 박수를 쳐주기 바란다.

* 그림 5-14 연습용 차트 10

6. 매수 급소가 나와도
매수해서는 안 될 종목

신용이란 일반 투자자들이 증권사로부터 빚을 내서 투자하는 것이므로 신용이 많은 종목들의 차트는 속임수가 많다. 모든 조건에 맞는 급소가 나와도 신용 잔고가 7% 이상이라면 매수하지 않는다.

지금까지 공부했던 대로 매수 급소가 나온다고 해서 무조건 해당 종목을 매수해서는 안 된다. 주식 시장에 상장된 종목만 해도 2,000개가 넘는 만큼 미스코리아 진을 뽑는다는 생각으로 종목을 선정해야 한다. 기술적으로 매수 급소가 나오는 종목들을 모두 사게 되면 모든 조건을 만족시키는 종목이 나왔을 때 그 종목을 매수할 자금이 없어지게 되므로 기회비용을 상실할 수도 있다.

이런 리스크를 없애기 위해서는 일련의 과정이 필요한데, 바로 아래와 같은 종목들은 매수 급소가 발생해도 철저하게 배제하는 것이다.

그것은 당신이 배우자를 찾을 때 그냥 외모만을 보고 판단하는 것보다는 성격, 주위 환경, 경제력, 친화력 등을 보고 최대한 자신의 조건과 잘 맞는 사람을 찾는 것이 나은 경우와 같다.

지금부터 어떤 상황에서도 매수를 자제해야 하는 종목들에 대해 자세히 살펴보자.

1) 거래량 극소형 종목

거래 대금이 5억 원 이하라면 일단 매수하지 않는 게 좋다. 하루 종일 거래되는 금액이 5억 원 이하라면 시장에서 철저히 외면을 받고 있거나, 대주주가 주식을 과도하게 보유하고 있어 주가 상승 확률이 극도로 떨어지게 된다.

시장에 좋은 종목들이 넘쳐나고 있는데 이런 소외주를 매수해서 혼자 왕따를 당할 필요는 없다.

또한 이보다 더 거래량이 적은 종목들도 많은데, 거래량이 적은 종목은 무시하는 것이 상책이다.

그림 5-15 원풍의 주식 차트를 참고로 살펴보자.

차트를 보면 시장은 대세 상승을 보이며 신고가를 기록하고 있는데, 이런 종목을 보유하고 있다고 가정해 보자. 나중에 이 종목이 상승한다 해도 그동안의 기회비용을 보상 받지는 못할 것이다.

원풍은 주가가 3,000원대의 종목으로, 하루 거래량이 4,000주이며, 하루의 거래 대금은 1,200만 원 밖에 되지 않는다. 이런 거래량 극소형주는 어떤 이슈로 일시적 급등이 나온다고 해도 당일로 끝나는 경우가 많고, 단기간에 원점까지 내려오는 경우가 많다.

또 하나 극소형주를 매수하면 안 되는 이유는 바로 매수 세력에게 포착되기 때문이다. 만약 이 종목에 매수 세력이 붙어 매집을 하고 있다고 가정해 보자. 거래가 적은 극소형주를 몇 명의 투자자들이 고액으로 매수하면 매수 세력은 바로 눈치를 챌 것이고, 웬만해서는 그 물량이 나갈 때까지 주가를 끌어 올리지 않을 것이다.

초보 투자자들은 보통 주가가 바닥에 있고 일봉이 밀집해 있으면 그냥 매집이라고 생각하는 경우가 많은데 이런 매매는 절대적으로 자제하는 게 좋다.

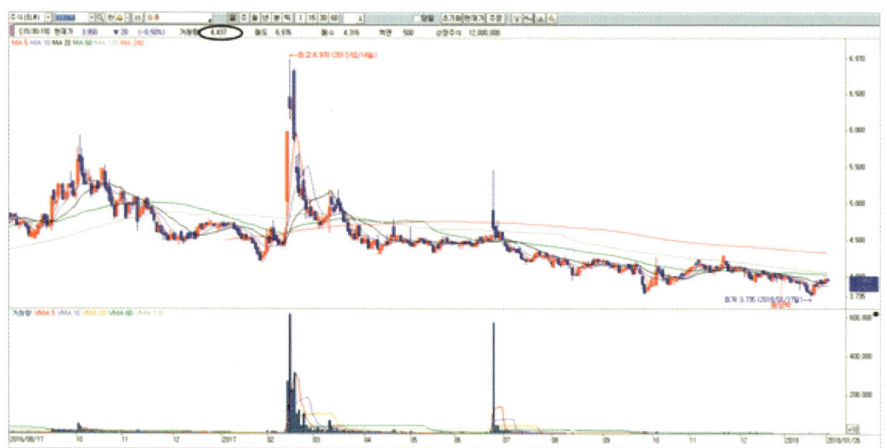

* 그림 5-15 원풍 주식 차트

그림 5-16의 대성홀딩스 주식 차트를 한번 살펴보자.

대성홀딩스는 8,000원대의 종목으로 하루 거래량이 1만 주이며 거래 대금이 채 1억도 되지 않는다. 매수 세력이라 함은 큰돈을 투자해서 큰 수익을 내고자 하는데 이런 작은 종목들을 매수해서 그런 수익이 가능할까? 매수 세력은 웬만해서는 이런 종목에 눈을 돌리지 않는다.

시중에 나와 있는 오래된 주식 책을 보면 거래량 소형주에서 대박주가 발생한다는 내용이 있다. 그러나 주가 조작에 대한 관리가 엄격해진 지금의 주식 시장에서 그런 매집은 사실상 불가능에 가깝다.

대성홀딩스의 차트를 보면 위에서 강의했던 포복기법의 매수 급소가 발생했지만 주가가 하락했다는 것을 알 수 있다. 이것은 곧 극소형주의 경우는 포복기법이 통하지 않는다는 것을 의미하며, 이와 같은 극소형주는 필자의 매매 기법에서 무조건 제외시켜야 한다.

* 그림 5-16 대성홀딩스 주식 차트

2) 뉴스가 나오면서 매수 급소가 나오면 기다린다

주식 격언 중에 '소문에 사고 뉴스에 팔라'는 말이 있다.

주식은 가능성에 대한 배팅에 불과하며 그 가능성이 현실이 되었을 때 매수세는 이탈하고 주가는 급락으로 돌변하게 된다.

주식의 상위 1%는 정보로 매수하지만 대부분의 투자자들은 뉴스를 보고 매수하는 경우가 많다. 호재성 뉴스가 나온 경우 일주일 정도 시간이 지났다면 상관없지만 매수 급소가 발생하는 날 호재성 뉴스가 나왔다면 일단 매수를 멈춰야 한다. 즉 뉴스로 만들어진 매수 급소는 매수 시그널로 판단하지 말라는 것이다.

기대감이 현실이 될 때 위험한 이유를 예를 통해 알아보자.

그림 5-17은 비츠로테크 주식 차트로, 비츠로테크는 나로호 터보 펌프 제작에 참여해서 나로호 발사 테마주로 분류되었던 종목이다. 이때 한국 최초로 로켓을 발사하게 되어 언론이 떠들썩한 바 있다.

비츠로테크는 나로호 발사 시기를 앞두고 매수세가 미리 유입되며 주가가 상당 폭 상승했지만 나로호 발사가 성공하고 난 후 오히려 폭락으로 돌변했다.

주식은 꿈을 먹고 상승하는데 그 꿈이 현실이 되었으니 투자자들이 더 이상 이 종목에 대한 좋은 내용이 나오기 어렵다고 판단하게 되므로 매수세가 이탈하게 되는 것이다.

초보 투자자의 경우 얘기는 달라진다. 뉴스를 통해 나로호 발사가 성공했다는 소식이 전해지면서 여기저기서 지인들이 수혜주가 어떤 종목이냐고 물어보는 경우가 많다. 초보 투자자들은 뉴스를 보고 매수한다는 명백한 증거인 것이다.

그림 5-17의 비츠로테크 주식 차트를 보면, 나로호 발사 전에 주가가 상승했지만, 발사 이후에는 주가가 급락했다.

* 그림 5-17 비츠로테크 주식 차트

대선 관련주도 같은 원리로 해석하면 된다

    대선 관련주는 대선 2~3년 전부터 상승하기 시작해서 대선 몇 개월을 앞두고 급락으로 돌변하게 되는데, 이때 하락이 시작되면 누가 당선되든 주가는 급락하게 된다. 대선이라는 하나의 이슈를 가지고 그동안 엄청난 매수세가 유입되었는데 대선이 끝났으니 이제 더 이상 주식을 매수할 이유가 없는 것이다.

    초보 투자자의 경우 이와는 반대로 대선이 눈앞에 왔을 때 대선 관련주를 매수하는 경우가 많은데 그 무서움은 그림 5-18의 바른손 주식 차트를 보면 알 수 있다.

    바른손 종목은 문재인 대선 후보와 인맥 관계가 있다는 이유로 테마주로 분류되어 엄청난 상승세를 기록했지만, 대선을 바로 앞두고 주가가 급락으로 돌변하기 시작했다. 대선 당시 문재인 대통령이 당선되기는 했지만 주가는 더더욱 큰 하락세를 기록했는데 이유는 단 하나, 꿈이 사라졌기 때문이다.

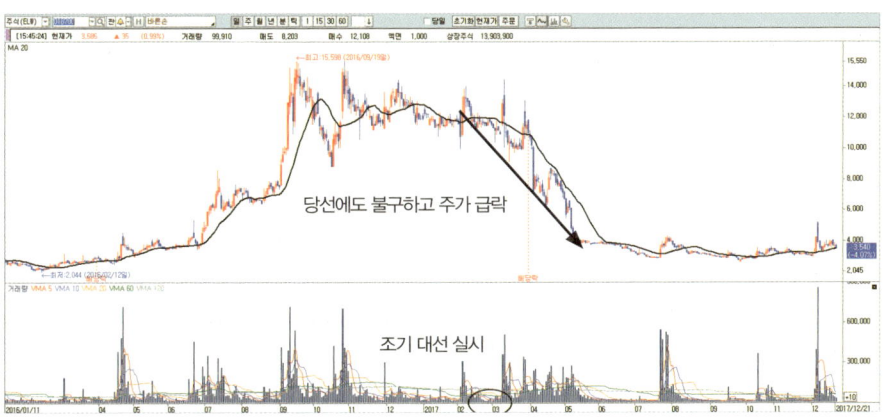

* 그림 5-18 바른손 주식 차트

M&A 공시도 이와 같은 원리로 해석하면 된다

M&A를 하게 될 경우 아무리 조용히 진행한다 해도 소문은 돌아다닐 수밖에 없다. 기업 인수합병을 위해서는 실사를 나가야 하는데 이 과정에서 많은 관계자들이 사전에 정보를 입수하게 된다. 이들과 관련되어 있는 지인들의 숫자만 해도 상당할 것이다.

이런 이유로 인수합병 전에 주가는 미리 급등하게 되며, 실제로 뉴스를 통해 시장에 발표될 때는 단기 급등 후 급락으로 돌변하게 된다.

그림 5-19 톱텍의 주식 차트를 한번 살펴보자.

톱텍은 반도체, 2차전지, 태양광 관련 공장 자동화 제품을 만드는 기업으로, 반도체 시장 성장의 수혜주로 분류되어 초장기 상승 파동이 발생한 바 있다. 톱텍은 SK하이닉스 인수 소식이 전해졌고, 뉴스 다음날을 고점으로 엄청난 매도세가 출현했음을 볼 수 있다.

톱텍의 주가는 바닥에서 500% 상승해 있었고, 매수 세력은 큰 수익을 내고 있었을 것이고, 그 많은 물량을 매도하기 위해서는 강력한 호재가 필요했을 것이다. 매수 세력은 물량을 처분하는데 있어서 SK하이닉스에 인수된 것보다 큰 호재를 찾기는 어렵다고 판단했을 것이다.

* 그림 5-19 톱텍 주식 차트

뉴스 발표 후 주가가 하락하는 원리

　호재성 공시 발표 → 단기 매수세 유입 → 기존 보유자들의 매물 출회 → 매수·매도 공방 → 상한가 진입 실패 → 실망 매물 출회 → 주가 급락

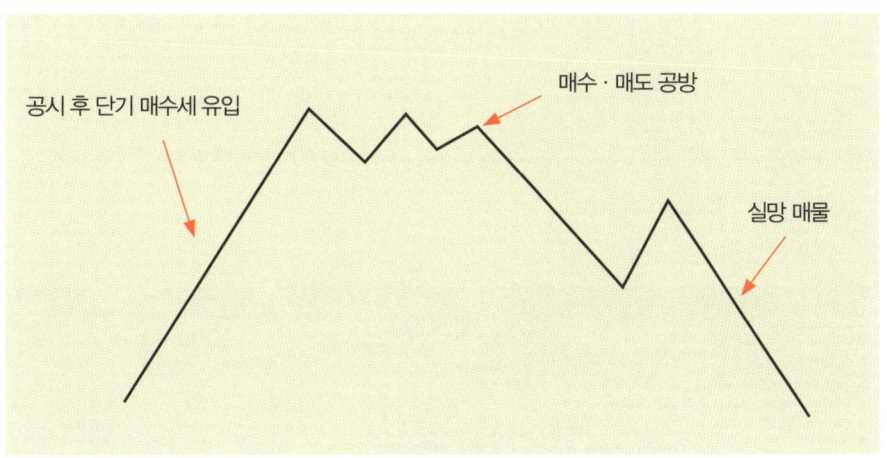

* 그림 5-20 뉴스 발표 후 주가가 하락하는 원리

단기 매매는 이런 실망 매물과의 싸움에서 밀려날 경우 손실이 발생할 수 있기에 급락 전에 반드시 후퇴해야 하며, 매수 후 2~3일 내에 상승하지 못하면 포기하고 나오는 게 좋다.

　그림 5-21의 위닉스 주식 차트를 한번 살펴보자.
　차트를 보면 이동평균선 5개를 돌파하면서 의미 있는 매수 급소가 나왔지만 이런 뉴스로 인한 매수 급소는 최소한 일주일간 빠지지 않는 것을 확인해야 매수가 가능하다. 뉴스로 인한 상승은 세력의 주가 띄우기가 아닌 개인 단타 물량으로 봐야 한다.

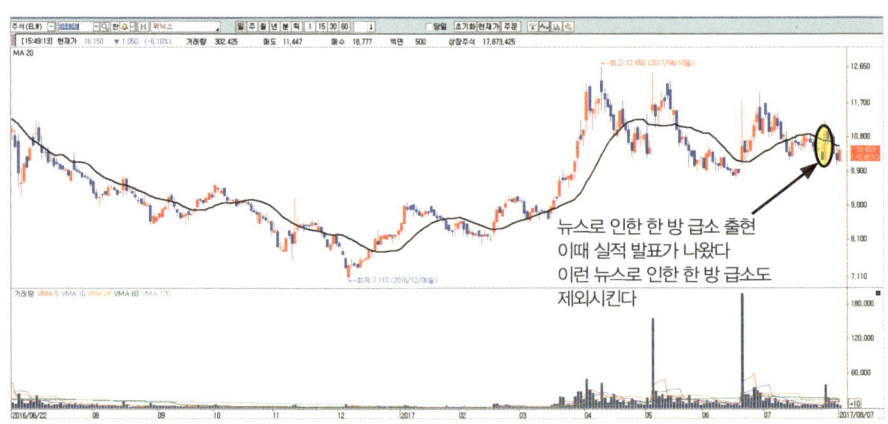

* 그림 5-21 위닉스 주식 차트

* 그림 5-22 매수 급소가 나올 당시의 위닉스 종목 뉴스

228

3) 신용 잔고가 7% 이상인 경우 제외(변동없음)

신용이란 일반 투자자들이 증권사로부터 빚을 내서 투자하는 것이므로 신용이 많은 종목들의 차트는 속임수가 많다.

모든 조건에 맞는 급소가 나와도 신용 잔고가 7% 이상이라면 매수하지 않는다.

그림 5-23의 케이엘넷 주식 차트를 보면 분명 3번의 급소가 출현했다.

문제는 신용 잔고로, 신용 잔고가 많으면 주가 상승이 어려울 것이라고 생각해야 한다. 주식은 갈 때 못 가면 하락하게 되므로 이런 경우는 매수하지 말아야 한다.

* 그림 5-23 케이엘넷 주식 차트

신용 잔고 비율이 9%라는 것은 총 주식수 중 빚을 내서 매수한 수량이 9%라는 것이다.

케이엘넷의 상장주식 총수가 2,400만주인데 그 중 220만주가 빚을 내서 매수했다는 것이다.

신용으로 거래한 투자자들은 절대 오랜 기다림을 할 수가 없는 만큼 주가가 조금만 급등해도 주식을 매도하려고 할 것이고 이런 것을 알고 있는 매수 세력들의 입장에서는 이런 종목을 올려줄 필요가 없는 것이다

좋은 호재로 주가 상승 시도가 나와도 못가게 되면 결국 주가는 하락하게 된다.

신용잔고 상위 | 신용잔고 일별추이 | 당사 신용가능 종목 | 당사 대주가능 종목 | 종목별 증거금률 | 당사 대

039420 판 신 케이엘넷 ⊙융자 ○대주 ⊙수량 ○금액 결제일자 2018-02-22 조회 다음

신용잔고추이 | 그래프 ※ 상환수량은 "매도상환수량+현금상환수량"의 합계 수치입니다. [단위: 주]

매매일자	종가	대비	등락률(%)	거래량	결제일자	신규수량	상환수량	융자잔고수량	잔고비율(%)	공여율
2017/05/24	2,860	▲ 35	1.24	3,884,637	2017/05/26	742,342	884,074	2,297,773	9.51	19.10
2017/05/23	2,825	▼ 70	-2.42	491,835	2017/05/25	98,951	128,354	2,439,505	10.09	20.11
2017/05/22	2,895	▼ 10	-0.34	598,437	2017/05/24	137,166	79,011	2,468,908	10.21	22.91
2017/05/19	2,905	▼ 25	-0.85	3,303,600	2017/05/23	691,569	477,210	2,410,753	9.97	20.92
2017/05/18	2,930	▲ 30	1.03	667,612	2017/05/22	148,209	131,768	2,196,394	9.08	22.19
2017/05/17	2,900	▲ 35	1.22	1,090,717	2017/05/19	266,334	180,235	2,179,953	9.02	24.40
2017/05/16	2,865	▲ 15	0.53	491,366	2017/05/18	94,216	96,022	2,093,854	8.65	19.17
2017/05/15	2,850	▲ 5	0.18	221,468	2017/05/17	58,578	48,541	2,095,660	8.67	26.44
2017/05/12	2,845	0	0.00	204,864	2017/05/16	40,989	28,551	2,085,623	8.63	19.99
2017/05/11	2,845	▲ 75	2.71	1,310,916	2017/05/15	342,286	285,927	2,073,185	8.57	26.11
2017/05/10	2,770	▲ 45	1.65	424,084	2017/05/12	106,403	122,006	2,016,826	8.34	25.08
2017/05/08	2,725	▼ 25	-0.91	285,097	2017/05/11	55,690	92,991	2,032,429	8.40	19.52
2017/05/04	2,750	▲ 25	0.92	167,688	2017/05/10	23,390	37,839	2,069,790	8.56	13.94
2017/05/02	2,725	▼ 35	-1.27	485,410	2017/05/08	100,216	130,762	2,084,239	8.61	20.64
2017/04/28	2,760	▼ 5	-0.18	514,660	2017/05/04	51,830	102,709	2,114,785	8.75	10.06
2017/04/27	2,765	▼ 200	-6.75	5,195,446	2017/05/02	1,148,626	1,032,745	2,165,664	8.96	22.09
2017/04/26	2,965	▼ 25	-0.84	347,564	[illegible]	[illegible]	[illegible]	2,049,783	8.48	25.11
2017/04/25	2,990	▲ 95	3.28	459,518	2017/04/27	143,948	149,000	[illegible]	8.39	31.32
2017/04/24	2,895	▼ 90	-3.02	518,538	2017/04/26	113,016	139,555	2,032,966	8.41	21.78
2017/04/21	2,985	▼ 15	-0.50	551,609	2017/04/25	189,104	92,542	2,059,505	8.51	34.27

신용 잔고가 9%를 넘는다

* 그림 5-24 케이엘넷의 신용 잔고 추이

그림 5-25의 아이엠 주식 차트를 살펴보자.

아이엠은 카메라 모듈을 제조하는 기업으로 자율주행차 등 여러 가지 테마에 편성했던 기업이지만 주가는 오히려 급락했던 종목이다.

아이엠의 경우 앞에서 설명했던 포복 급소가 발생했지만 속임수에 불과했고, 이런 종목은 사전에 매수하지 않아야 한다.

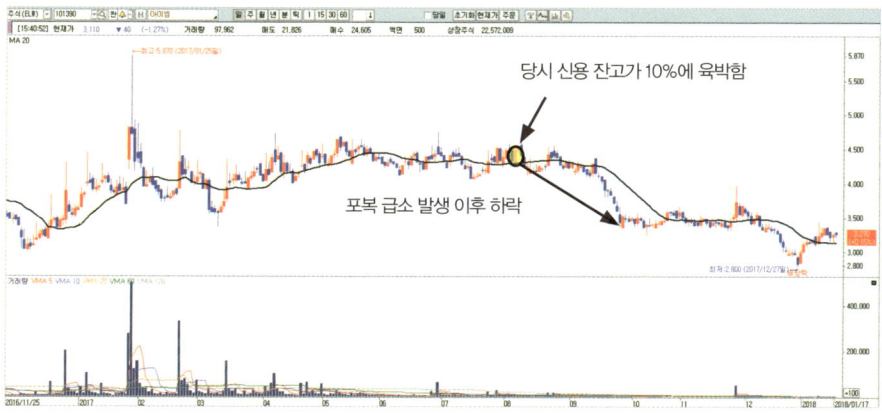

* 그림 5-25 아이엠 주식 차트

아이엠 투자자들의 당시 신용 잔고는 그림 5-26과 같다.

빚으로 투자하는 투자자들이 급격하게 늘고 있음을 볼 수 있는데 이런 상태에서는 어떤 급소가 나와도 매수하지 말아야 한다.

신용잔고 상위 | 신용잔고 일별추이 | 당사 신용가능 종목 | 당사 대주가능 종목 | 종목별 증거금률 | 당사 대

101390 판 신 아이엠 ⊙융자 ○대주 ⊙수량 ○금액 결제일자 2018-02-22 조회 다음

신용잔고추이 그래프 ※ 상환수량은 "매도상환수량+현금상환수량"의 합계 수치입니다. [단위: 주]

매매일자	종가	대비	등락률(%)	거래량	결제일자	신규수량	상환수량	융자잔고수량	잔고비율(%)	공여율
201▯/05/24	4,420	▼ 120	-2.64	817,806	2017/05/26	72,686	88,833	1,906,970	8.44	8.88
201▯/05/23	4,540	▲ 5	0.11	1,700,063	2017/05/25	162,751	225,442	1,923,117	8.51	9.56
201▯/05/22	4,535	▲ 65	1.45	1,133,019	2017/05/24	169,341	94,961	1,985,808	8.78	14.94
201▯/05/19	4,470	▼ 10	-0.22	623,050	2017/05/23	59,822	109,139	1,911,428	8.46	9.59
201▯/05/18	4,480	▲ 75	1.70	1,601,757	2017/05/22	137,011	157,179	1,960,745	8.68	8.54
201▯/05/17	4,405	▼ 60	-1.34	570,912	2017/05/19	62,505	45,750	1,980,913	8.77	10.94
201▯/05/16	4,465	▼ 135	-2.93	1,189,092	2017/05/18	119,044	134,170	1,964,158	8.69	10.01
201▯/05/15	4,600	▲ 70	1.55	1,224,532	2017/05/17	136,556	133,919	1,979,284	8.75	11.15
201▯/05/12	4,530	▼ 110	-2.37	1,844,534	2017/05/16	238,805	298,681	1,976,647	8.75	12.94
201▯/05/11	4,640	▲ 215	4.86	2,603,796	2017/05/15	361,931	360,870	2,036,523	9.01	13.89
201▯/05/10	4,425	▲ 25	0.57	1,116,575	2017/05/12	171,056	87,603	2,035,462	9.00	15.31
201▯/05/08	4,400	▲ 105	2.44	1,452,575	2017/05/11	115,053	100,342	1,952,009	8.63	7.91
201▯/05/04	4,295	▼ 10	-0.23	634,245	2017/05/10	58,826	84,286	1,937,298	8.58	9.27
201▯/05/02	4,305	▼ 90	-2.05	1,093,474	2017/05/08	180,802	203,459	1,962,758	8.69	16.53
201▯/04/28	4,395	▲ 95	2.21	5,732,137	2017/05/04	651,634	684,233	1,985,415	8.79	11.35
201▯/04/27	4,300	▼ 115	-2.60	1,202,517	2017/05/02	124,642	118,075	2,020,136	8.94	10.35
201▯/04/26	4,415	▼ 55	-1.23	1,479,955	2017/04/28	126,117	113,108	2,013,569	8.91	8.51
201▯/04/25	4,470	▲ 180	4.20	2,527,882	2017/04/27	247,550	282,156	2,000,560	8.85	9.78
201▯/04/24	4,290	▼ 120	-2.72	1,688,046	2017/04/26	251,420	157,106	2,035,166	9.00	14.88
201▯/04/21	4,410	▲ 205	4.88	6,268,041	2017/04/25	566,574	576,196	1,940,852	8.58	9.03

* 그림 5-26 아이엠의 신용 잔고 추이

4) 3년 연속 적자를 기록 중인 종목도 제외

이런 기업은 바이오 주를 제외한 모든 종목들에 통용되는 제외 조건이다. 바이오 관련 기업에는 상장 특례 기업들이 많은데, 상장 특례 기업일 경우 3년 이상 영업이익 적자가 누적되어도 관리종목이나 상장 폐지 조건에 해당하지 않기 때문이다.

바이오 신약 개발 업체는 연구개발비의 대부분을 비용으로 처리하는 만큼 신약 개발에 성공하지 않는 한 이런 적자 구조가 계속해서 이어질 수밖에 없다.

3년 연속 적자 기업은 웬만하면 일단 매수 조건에 들어와도 매수하지 않는 것이 좋다.

그림 5-27은 인스코비의 재무제표로, 이와 같은 영업이익을 보유하고 있는 종목은 웬만하면 매수하지 말아야 한다.

IFRS(연결)	2014/12	2015/12	2016/12
매출액	258	163	371
매출원가	231	94	158
매출총이익	26	69	212
판매비와관리비	85	117	238
영업이익	-58	-48	-25

* 그림 5-27 인스코비의 재무제표

그림 5-28의 인스코비 주식 차트만 보면 20일 포복기법 상 매수 급소가 발생했지만, 3년 연속 적자를 기록하고 있어 주가는 하락하고 말았다.

* 그림 5-28 인스코비 주식 차트

5) 전환사채, 신주인수권부사채의 물량이 과도하게 많은 경우 제외

다음의 내용은 다른 종목에도 모두 적용되는 가장 기본적인 사항이다. 우선 전환사채, 신주인수권부사채가 무엇인지부터 알아야 이해하기 쉬우므로 그에 대해 먼저 알아보자.

전환사채(Convertible Bond)는 보통 CB로 불리며, CB는 일정한 조건에 따라 채권을 발행한 회사의 주식으로 전환할 수 있는 권리가 부여된 채권이다. 전환 전에는 사채로서 확정이자를 받을 수 있고, 전환 후에는 주식으로서의 이익을 얻을 수 있는, 사채와 주식의 중간형태를 취한 채권이다.

전환사채의 경우 주가가 오르면 주식으로 전환하여 시세 차익을 얻을 수 있고, 주가가 떨어지면 그냥 채권으로 보유하면 만기 때 원리금을 돌려받을 수 있다.

전환청구는 발행 후 1년이 지나야 가능하지만 공모 발행 방식으로 발행하는 경우에는 발행 후 1개월이 경과하면 전환이 가능하다. 전환사채 발행은 보통 악재로 해석하지만, 해외 발행이나 특정 기업에 집중된 발행은 주가 급등 촉매제가 되기도 한다.

전환사채 발행 후 1년이 지나면 언제든지 주식으로 전환될 가능성이 높으므로 CB 발행 후 1년이 지난 종목은 잠재 물량을 체크해야만 한다. 주식으로 전환청구되는 시점에서 현재 주가가 전환사채의 행사가액보다 낮을 때는 큰 문제가 없지만, 주가가 오르면 주식으로 전환되어 주가 하락을 야기할 수 있기 때문이다.

신주인수권부사채(bond with warrant)는 보통 BW로 불리며, BW는 사채권자에게 사채 발행 이후에 회사가 신주를 발행하는 경우 미리 약정된 가격에 따라 일정한 수의 신주 인수를 청구할 수 있는 권리가 부여된 사채이다. 따라서 사채권자는 보통 사채의 경우와 마찬가지로 일정한 이자를 받으면서 만기에 사채 금액을 상환 받을 수 있으며, 동시에 자신에게 부여된 신주인수권을 가지고 주식 시가가 발행가액보다 높은 경우 회사 측에 신주 발행을 청구할 수 있다.

신주인수권부사채가 전환사채보다 악재로 해석되는 이유는 분리 발행의 경우 사채 상환과 별도로 신주를 인수할 수 있는 권리가 있기 때문이다. 전환사채보다 주식으로 전환될 가능성이 높기 때문에 BW가 발행되면 일단 악재로 해석해서 주가가 하락하는 경우가 많다.

BW 역시 공시를 통해 알 수 있으며 방법은 아래와 같다.
HTS를 통한 기업 공시에서 확인 가능하며, 그림 5 - 29와 같이 표시된다.

여기서 중요한 것은 현재의 행사 내용이 아니라, 앞으로 행사할 수 있는 수량이 얼마나 남아 있느냐가 중요하다. 보통 100만 주 내외는 부담이 없으나 상환 가능 주식수가 300만 주를 넘는다면 어떤 급소가 나와도 매수하지 않는 것이 좋다.

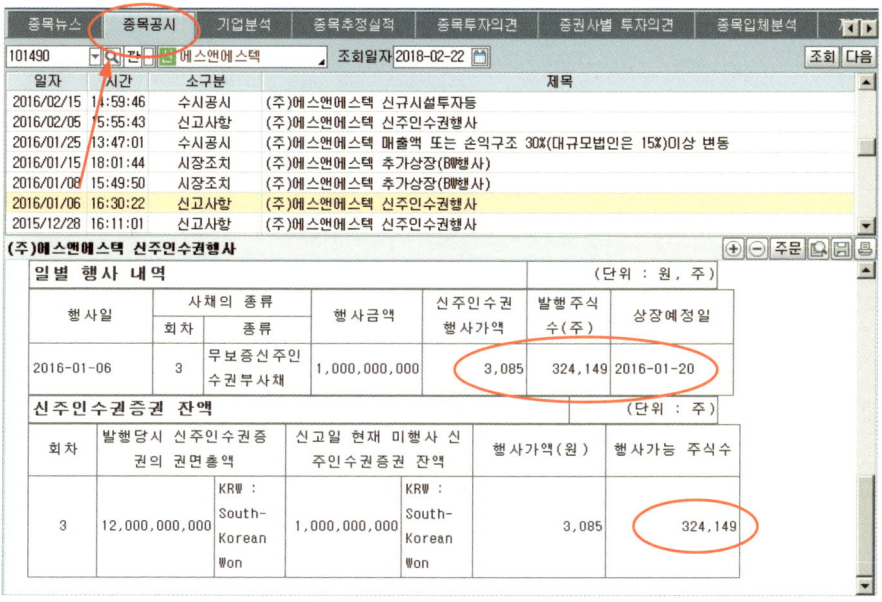

* 그림 5-29 에스앤에스텍의 신주인수권 행사 내용

그림 5-30은 스맥의 종목 공시와 주식 차트이다.

스맥은 통신과 공장 자동화 사업을 하고 있는 기업으로, 일명 스마트 팩토리의 최대 수혜주가 될 수도 있는 종목이지만, 다른 기업들과는 달리 주가가 오르지 못했다.

급소가 나오고 한때 주가 상승 시도가 나오긴 했지만, 전환사채 대기 물량이 상상을 초월하는 규모였음을 알 수 있다. 전환사채 주식 전환 행사를 수차례 했음에도 행사 가능 물량이 450만 주나 남아 있다.

웬만한 호재가 아니면 주가 상승은 어렵다고 판단해야 한다.

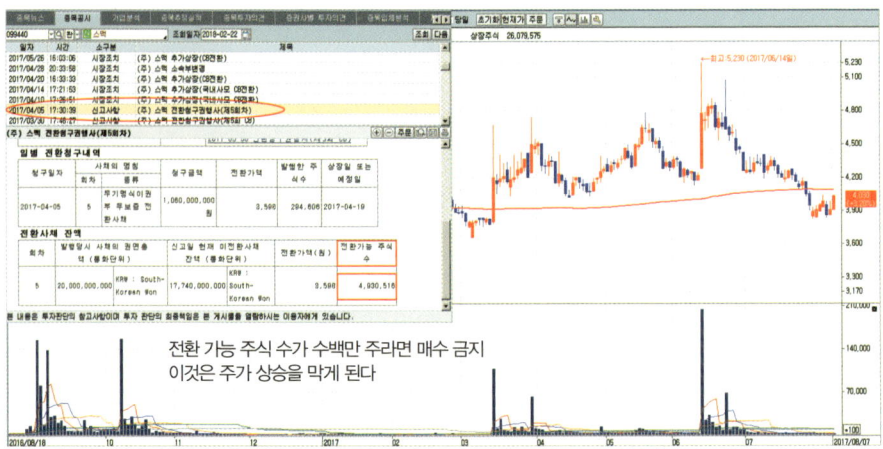

* 그림 5-30 스맥의 종목 공시와 주식 차트

7. 세력의 흔들기를 이용한 급등주 포착법

주식시장은 수많은 세력에 의해 주가가 좌우된다.
세력은 외국인이나 기관 같은 메이저급도 있으나 개인 큰손 또는 조막손으로 표현되는 세력들도 있다.

매수 세력은 개인들의 물량을 최대한 쏟아지게 만들어 주식을 최대한 낮게 매수하려 하고 고점에서는 최대한 개인을 유인해 물량을 처분하려고 한다.
매수 세력들은 어떤 방법으로 물량을 매집할까? 매수 세력은 일반적인 투자자들이 중요한 지지라인으로 생각하고 있는 가격을 이탈시키면서 공포심을 유발하면 손쉽게 물량을 매집할 수 있게 된다. 일반적인 투자자들이 생각하고 있는 지지라인은 20일선과 같은 이동평균선도 있지만 추세선 또는 전저점이 되기도 한다.

이런 매수 세력의 흔들기를 이용해 급등주를 포착하는 방법을 알아두면 역으로 최저점 매수로 수익을 낼 수도 있게 된다.

전저점 이탈 후 급등하는 패턴

일반적인 투자자들은 전저점을 중요한 손절가로 설정하는 경우가 많은데 매수 세력은 이 전저점을 이탈시키면서 투매를 유발하게 된다.

예를 들어 어떤 종목의 주가가 1만 원에서 다중 바닥을 형성하면서 안정적인 방어선을 구축하고 있었는데 어느 날 갑자기 매도세가 출현하면서 1만 원이라는 지지라인이 붕괴되며 하락한다고 가정해 보자. 계단식 하락을 염려되는 상황에서 이런 하락을 버틸 수 있는 투자자들은 많지 않을 것이다.

전저점을 이탈하고 어떤 경우는 급락으로 이어지게 되고 또 어떤 경우에는 이탈 후 급등으로 전환되기도 하는데 유형별로 움직임을 살펴보면 아래와 같다.

1) 전저점 이탈 후 하락하는 패턴

전저점 이탈 시 거래량이 전일 대비 3배 이상 급증하면서 하락하면 반등 후 재하락 위험이 높다.

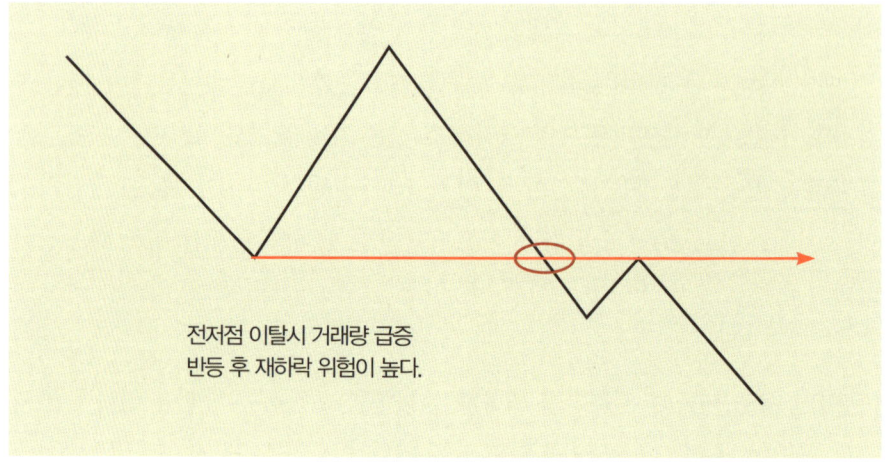

* 그림 5-31

아래차트는 영인프런티어라는 종목의 일봉차트다.

8000원대에서 6개월이상 지지력을 보이다 갑작스럽게 거래량이 급증하면서 전저점을 이탈하는 모습이 발생했다. 기업에서 악성루머에 대해 법적대응 이라는 카드를 내밀었음에도 불구하고 주가는 끝 없는 하락을 기록한 바 있다.

이렇게 전저점을 이탈할 때 거래량이 급증하면 세력의 흔들기가 아니라 기존 매집세력이 이탈 한 것으로 해석을 해야 한다.

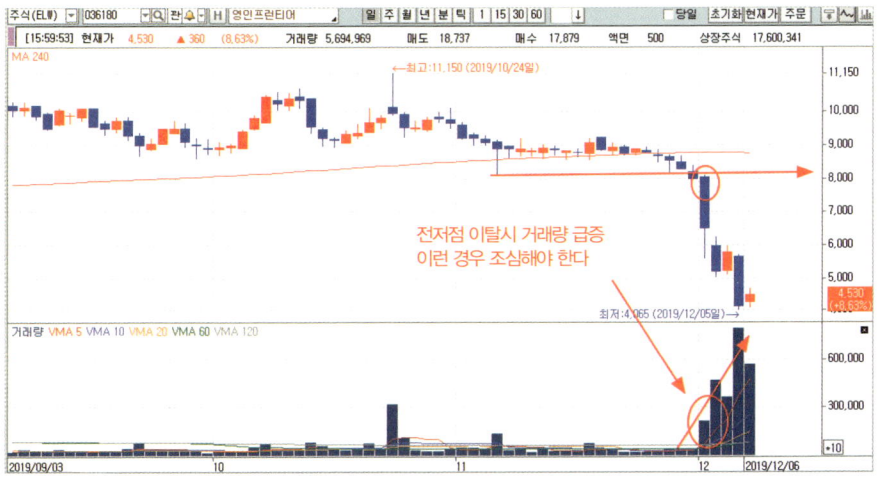

* 그림 5-32

전저점 이탈 후 추가하락이 발생하면 주가가 반등해도 재하락할 가능성이 높다.

주가가 전저점을 이탈한 후 추가적으로 하락이 발생했다면 이는 매수세의 이탈로 보는 게 좋다. 전저점을 이탈하면서 단기 급락 후 기술적 반등이 나오게 되는데 이때 매수가 아니라 반등을 이용한 매도전략이 좋다.

이때 전저점을 이탈했는지 여부는 전저점을 이탈한 후 추가음봉이 발생했

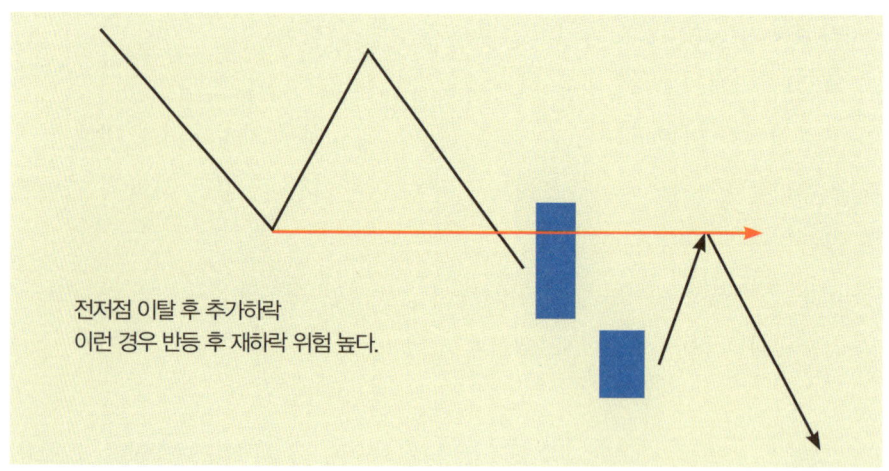

* 그림 5-33

는지를 보고 판단해야 한다.

아래 차트는 코스닥지수의 2016년 10월의 일봉차트다.

코스닥지수가 전저점을 이탈 후 추가 하락하는 모습을 보였고 이후 반등은 나왔지만 전저점 저항을 받고 다시 급락하는 모습이 발생했다.

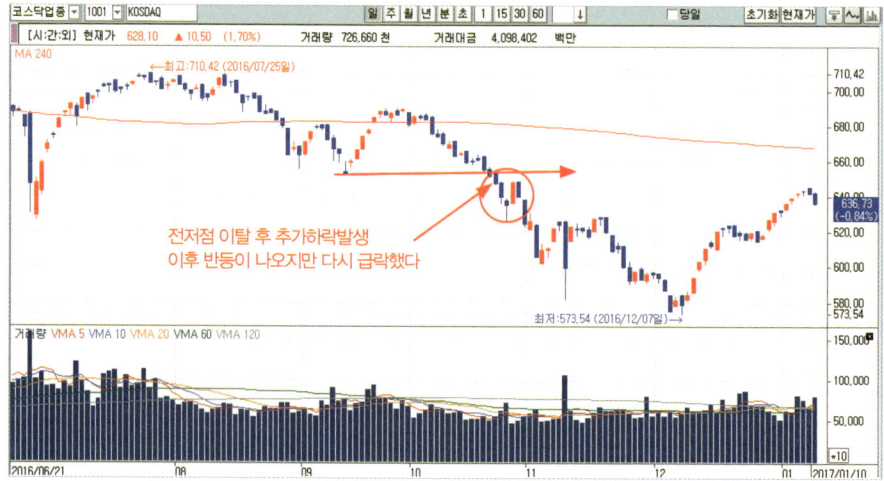

* 그림 5-34

이렇게 전저점 이탈 후 추가하락이 발생하면 이후에 반등이 나와도 매수해서는 안 되며 오히려 반등을 이용해 매도하지 못했던 물량을 매도하는 전략으로 가야 한다.

2) 전저점 이탈 후 급등하는 패턴

주식에서 말하는 속임수 패턴을 알아야 한다. 주가가 전저점을 이탈하면서 하락하고 있는데 이것이 흔들기인지 알 수 있는 방법은 없다.

주식은 의외로 간단한 원리를 가지고 있는데 가야 할 구간에서 못 가면 속임수고 하락해야 할 구간에서 하락하지 않으면 속임수일 가능성이 높은 것이다.

주가가 전저점을 이탈하면 하락할 가능성이 높은데 이탈 후 주가가 밀리지 않고 버텨내면 속임수를 이용한 물량 매집일 가능성이 높아지게 된다.

주식시장에서 말하는 이중바닥에는 크게 3가지가 있는데 이중 오른쪽 저점을 이탈하고 상승하는 경우 폭등의 가능성이 가장 높다. 세력의 흔들기가 발생하고 투매를 유발해 저가에 물량을 받고 주가를 상승시킬 때 자주 나타나는 현상이다.

이런 흔들기를 잘 이용한다면 급등주를 잡을 수 있는 가능성은 높아지게 되는데 그 방법에 대해 알아보고자 한다.

1) 전저점 이탈 시 거래량이 급증하지 않아야 한다.

전저점 이탈 시 거래량이 급증하게 되면 매수세의 이탈일 가능성이 높지만 거래량 증가 없이 하락하면 일시적 흔들기일 가능성이 높다.

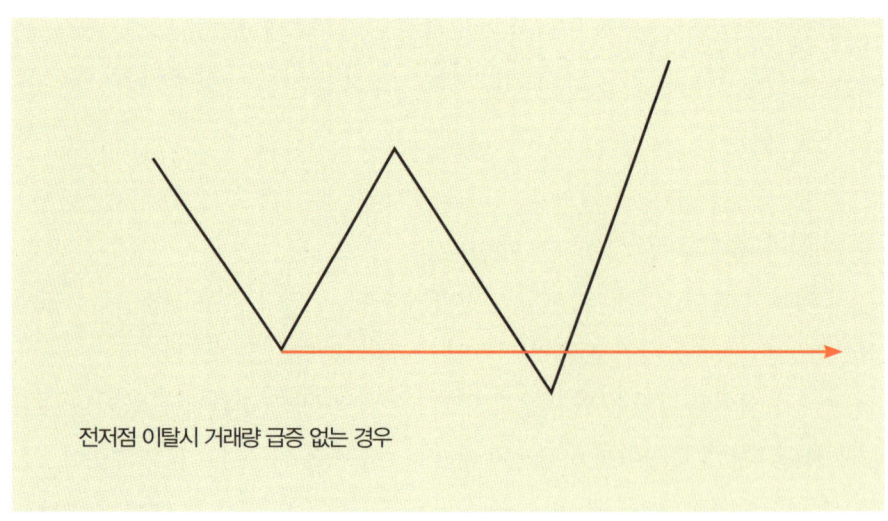

* 그림 5-35

2) 전저점 이탈 후 추가하락 없이 바로 전저점을 회복하는 경우

전저점 이탈 후 추가하락이 발생하지 않고 횡보하거나 빠른 시일 내에 전저점을 회복하는 경우 세력의 흔들기로 판단해 볼 수 있다.

전저점 이탈 때 매수 세력이 물량을 받은 것이라면 추가하락이 발생하지 않아야 한다.

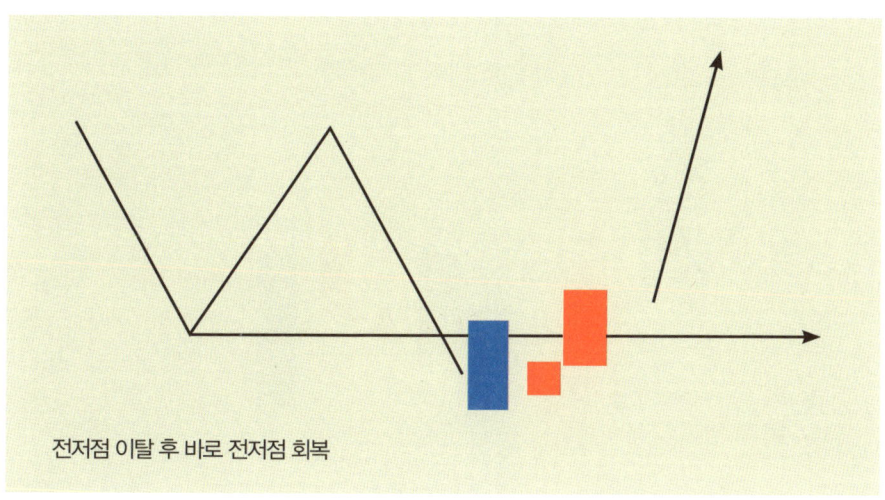

전저점 이탈 후 바로 전저점 회복

* 그림 5-36

전저점을 이탈하고 급등했던 실제 사례는 너무나 많지만 그중 대표적인 경우를 통해 세력의 흔들기를 역으로 이용하는 방법을 알아보도록 한다.

전저점 이탈 시 거래량이 증가하지 않는 게 이상적인 모습이긴 하나 거래량이 증가하더라도 전저점 이탈 후 추가하락이 발생하지 않고 바로 전저점을 회복하는 모습이 발생한다면 세력의 흔들기로 판단하고 매수에 가담해볼 만하다.

손절가 설정은 중요하다.
전저점을 이탈할 때 매수 세력이 매집을 한 것이라면 주가는 강하게 상승해야만 하는데 만약 회복하는 척 하면서 다시 하락해 이전에 발생했던 저점을 이탈하게 된다면 이때는 빨리 손절하고 나오는 게 좋다.

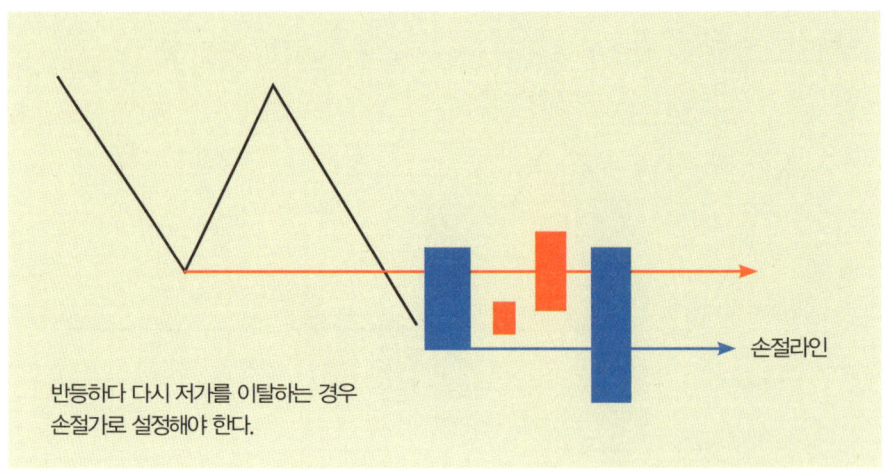

* 그림 5-37

손절가 설정 방법

아래 차트를 보면 전저점 이탈 시 거래량 증가도 없었고 전저점 이탈 후 추가하락이 발생하지 않았으며, 전저점을 빠르게 회복해 매수해 볼 수 있는 종목이었지만 추가적인 주가 하락이 발생했다. 이때 세력의 흔들기 후 급등할 종목이었다면 전저점을 회복하고 바로 급등으로 전환되어야 하는데 그러지 못하고 전저점 이탈 시의 저점을 다시 이탈하게 된다면 빨리 손절하고 나와야 한다.

이제 세력의 흔들기 어떻게 발생했고 어떻게 매수 시점을 잡아야 하는지 과거의 사례를 통해 분석해 보도록 한다.

* 그림 5-38

아래 그림은 에이치엘비 일봉차트다.

에이치엘비는 임상 3상 실패라는 악재가 발생하면서 주가가 급락했고 이후 바닥을 다지는 듯 하지만 전저점을 강하게 이탈하는 현상이 발생하게 된다. 급락 후 반등을 노리고 매수에 가담했던 투자자들 대부분은 전저점을 이탈하는 강력한 하락에 흔들리며 투매에 동참했고 기존에 보유하고 있었던 투자자들도 이때 공포심에 주식을 대량 매도했을 가능성이 높다.

전저점을 이탈하면서 거래량은 증가되었지만 이탈 후 추가하락 없이 전저점을 회복하는 모습이 발생했고 이후 2만 원대 주가가 20만 원까지 급등한 바 있다.

만약 전저점 이탈을 손절가로 설정했다면 세력의 흔들기에 당할 수밖에 없었을 것이다.

만약 저 종목을 전저점을 이탈했다는 이유로 투매했다면 엄청난 후회를 할 수밖에 없다. 만약 이런 종목을 보유하고 있었다면 전저점 이탈 후 추가하락

여부를 체크하고 추가하락이 발생했다면 반등 시 매도하고 나와야 하고 추가하락이 발생하지 않았다면 최대한 인내를 하고 기다려 봐야 한다.

반대로 세력의 흔들기를 이용해 저가매수했다면 아마도 큰 수익을 올리는 것이 가능했을 것이다.

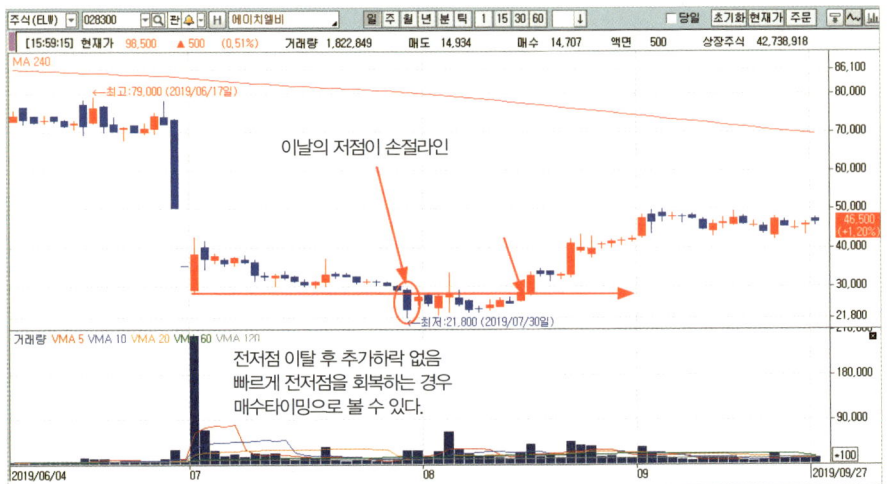

* 그림 5-39

아래 그림은 신라젠의 일봉차트다.

신라젠은 펙사벡 임상 3상의 무용성평가에서 임상 중단 권고를 받고 단기간에 70% 이상 급락하는 모습을 보였고 반등을 노린 투자자들이 저가매수에 나섰지만 결국 전저점을 이탈하면서 추가하락이 발생하고 말았다.

신라젠은 두 번의 전저점 이탈 현상이 있었는데 앞에 발생했던 이탈은 거래량이 급증해 매수시점으로 잡아서는 안 된다. 두 번째 전저점 이탈 현상을 보면 거래량이 감소했음을 볼 수 있는데 이런 게 바로 세력의 흔들기로 판단해 볼 수 있는 현상이다.

그리고 전저점 이탈 후 추가하락이 발생하지 않고 바로 전저점을 회복하는 모습이 발생했는데 이게 바로 매수 시점이 된다.

신라젠은 전저점 이탈 후 단기간에 100% 이상 상승세를 기록한 바 있다.

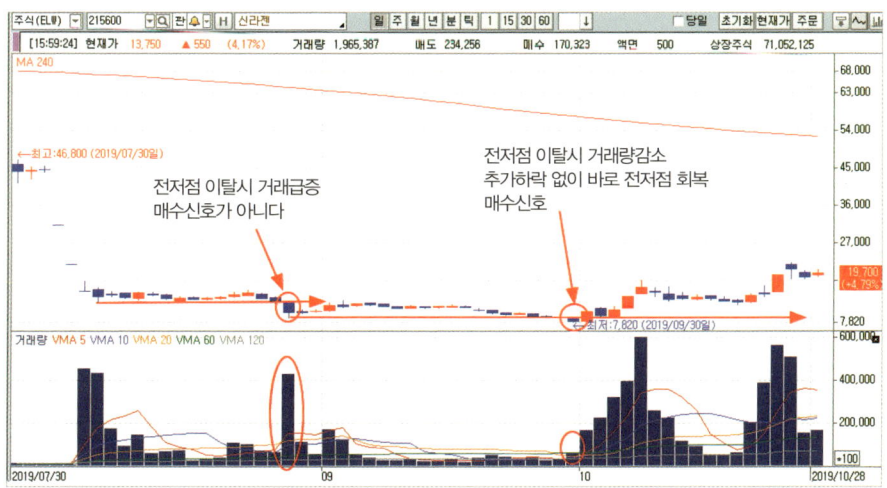

* 그림 5-40

아래 차트는 코스닥지수의 일봉차트다.

2014년 말 전저점에 대한 애착으로 상당 기간 박스권 장세를 기록했는데 이때 대부분의 투자자들은 코스닥지수 530p를 중요한 지지라인으로 생각하고 있었을 것이다.

상당 기간 530p에서 지지력을 보여주던 지수가 단기간에 530p를 붕괴하면서 장중에 투매 현상이 발생했다. 이때 전저점을 손절가로 설정했던 수많은 투자자가 주식을 저가에 매도했을 가능성이 높다.

코스닥지수가 전저점을 이탈한 후 추가하락이 발생하지 않고 빠른 시일 내로 전저점을 회복하는 모습이 발생한 이후 코스닥지수는 780p까지 급등한 바 있다.

만약 전저점 이탈을 이용한 급등주 포착법을 알았다면 오히려 매수하지 않았을까?

이런 현상은 코스닥지수에 수없이 많이 발생했다.

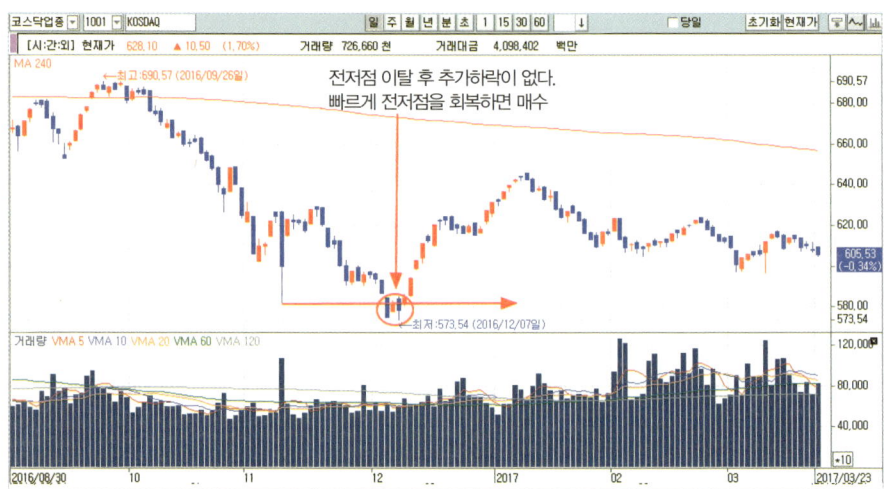

* 그림 5-42

2016년 12월 코스닥지수 차트

전저점을 이탈할 때 흐름을 보면 거래량 증가도 없었고 이탈 후 추가하락 없이 바로 회복하는 모습을 보였다. 이때 빨간선으로 표시된 지점을 돌파하는 모습이 포착되면 매수 시점으로 판단한다.

* 그림 5-41

　이 책에 실린 공식에 대한 궁금증이 있다면 한국경제TV 와우넷에 접속하여 필자를 찾길 바란다.

　　와우넷 주소 : https://www.wownet.co.kr/

　　카페 주소 : http://cafe.wownet.co.kr/5000

　　유튜브 주소: 돈마니 티비

　　구독방법

알돈주깨 5   알아두면 돈이 되는 주식 투자의 깨알 팁

폭락 투매장에서 인생역전의 기회가 온다

일반적으로 주식 시장에서 큰돈을 버는 시기를 지수 상승 시기라고 생각하는 투자자들이 많다. 종합 주가지수가 2,000을 넘고 3,000을 가면 큰돈을 벌 수 있다고 생각하는 투자자들도 많을 것이다. 하지만 안타깝게도 지수 대세 상승장에 뒤늦게 참여한 투자자들에게 인생역전의 기회는 오지 않는다. 안정적 수익은 가능할지 모르지만 인생역전이 나올 만큼 큰 수익은 어렵다. 안정적 수익이 나다가도 하락장으로 전환되면 한 방에 큰 손실로 전환되는 곳이 주식 시장이다. 만드는 데는 오랜 시간이 걸리지만 무너지는 것은 한 방이다.

건물도 무너지면 한번에 무너지고, 오랫동안 쌓아둔 명성도 한순간에 무너진다. 주식 시장에서는 1년 상승을 단 2개월 만에 무너뜨리는 경우도 있고, 코스닥은 5개월간의 상승을 단 2~3주 만에 원점으로 되돌리는 경우도 있기 때문에 주식 투자의 큰 기회는 바로 폭락, 투매장에서 찾아오는 것이다.

모두가 겁나서 매도를 못해서 안달이 나고 경제가 마비되면서 주식 시장에 대해 반토막 이상의 하락 전망이 나올 때 그때 바로 인생역전의 기회가 찾아오게 된다. 주식 투자는 바로 이럴 때 과감하게 해야 한다. 용자가 돈을 버는 것이다.

용기 있는 투자자만이 큰 수익을 거머쥘 수 있다. 남들이 모두 매도를 할 때 매수를 한다는 것은 엄청난 용기가 필요한 만큼 나중에 얻을 수 있는 수익도 큰 것이다.

경제 위기가 발생하면서 지수가 고점 대비 절반 이상 하락했다면 그때가 기회가 되는데 그런 기회는 아쉽게도 10년에 한번 꼴로 나타난다. 투매, 폭락장에서는 우량주, 부실주 할 것 없이 모두 급락하게 되고, 기업 가치를 크게 밑돌 만큼 큰 하락이 발생하게 된다.

즉, 명품을 아주 싸게 땡처리 하는 것과도 같은 것이다. 명품 주식이 땡처리처럼 싸게 거래된다면 나중에 큰돈이 되어 돌아오게 된다. 대세 상승장은 이미 주가가 바닥에서 엄청나게 상승한 이후인 만큼 보유하면서 수익을 낼 수 있는 폭은 극히 제한적이며 많아야 두배 정도의 수익일 것이다.

하지만 폭락, 투매 뒤에 주가가 상승할 때는 3배에서 10배까지 급등하게 된다. 바로 이때가 기회이고 주식으로 인생역전을 할 수 있는 기회인 것이다. 비트코인도 남들이 하지 않을 때 했던 사람들이 대박이 난 것이지, 대학생, 가정주부까지 매수에 가담했을 때는 고점을 찍고 반토막이 났다는 것을 떠올려 볼 필요가 있다.

하지만 이런 사실을 알면서도 그 상황이 닥치면 선뜻 실행에 옮길 수 있는 투자자는 극히 드물다. 따라서 남들이 하지 않는 그때가 돈을 벌 수 있는 최고의 기회일 수도 있다는 것을 항상 염두에 두기 바란다.

연습용 차트 정답

연습용 차트 1 정답

연습용 차트 2 정답

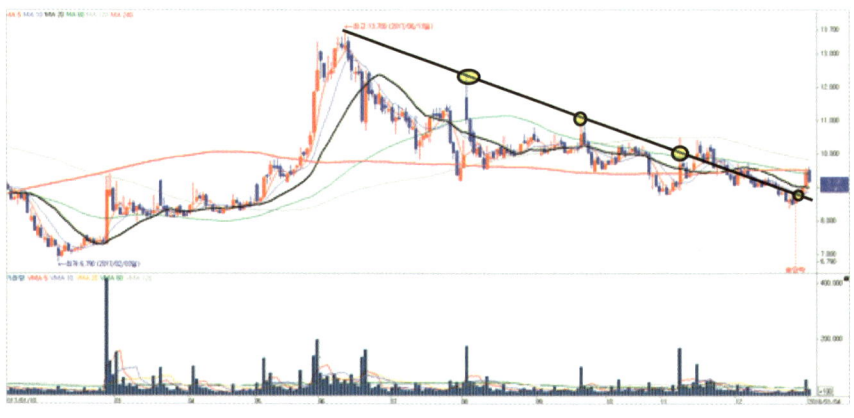

연습용 차트 정답

연습용 차트 3 정답

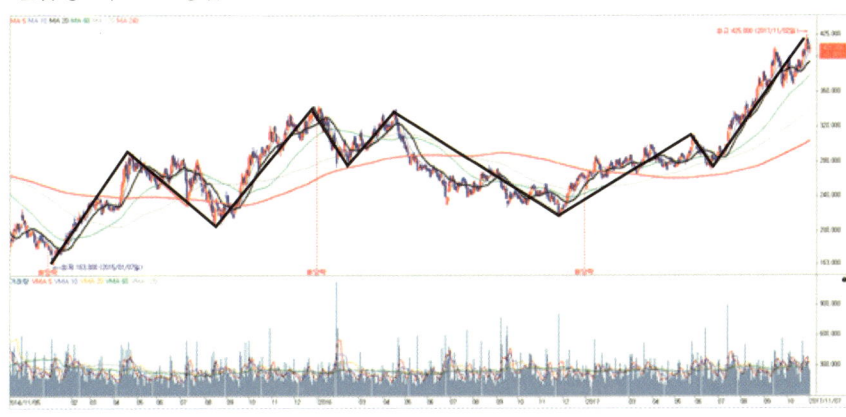

연습용 차트 4 정답

연습용 차트 정답

연습용 차트 5 정답

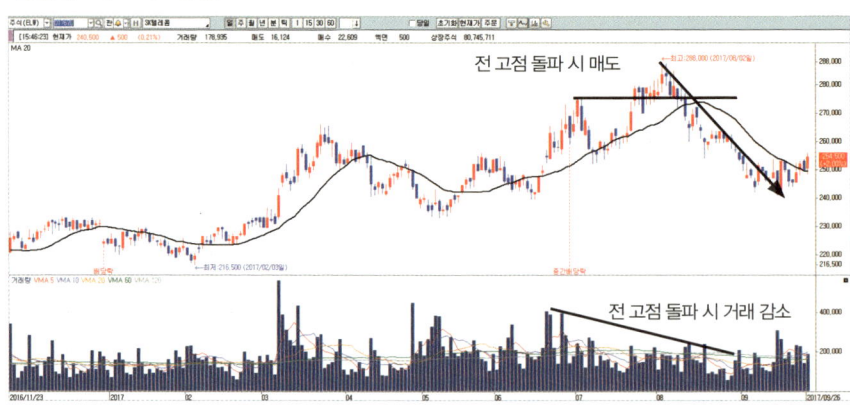

연습용 차트 6 정답

연습용 차트 정답

연습용 차트 7 정답

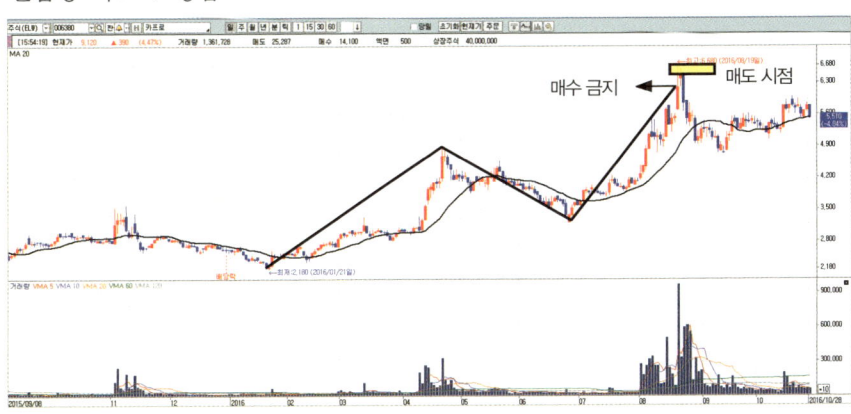

연습용 차트 8 정답

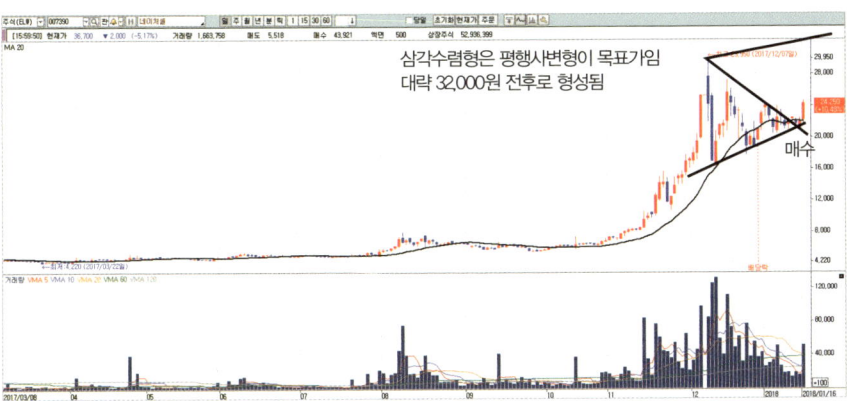

연습용 차트 정답

연습용 차트 9 정답

연습용 차트 10 정답

마치며

주식 시장은 누군가는 수익을 내지만 누군가는 손실을 낼 수밖에 없는 곳이다. 수많은 투자자들이 종목에 대한 좋은 정보를 얻기 위해 고군분투한다. 그러나 좋은 소식이 들릴 때면 주가는 이미 고공행진을 기록하고 있을 것이고, 더 큰 확신이 들었을 때는 주가가 이미 최고점을 기록하는 경우가 많다.

캐나다의 워렌 버핏으로 불리는 피터 컨딜은 다음과 같이 말했다.

"주식 투자자에게는 공개된 기업 보고서와 공시 자료만 있으면 된다. 이에 더해 잘 깎은 연필과 계산기, 그리고 인내심만 있으면 된다."

이 말은 주식 투자에 있어서 가장 중요한 것이 무엇인지에 대한 필자의 생각을 잘 대변해 준다.

필자가 그동안 수많은 투자자들을 상담해 오면서 느낀 점은 많은 투자자들이 TV나 신문, 그리고 증권사 리포트를 보고 주식을 매매하고 있다는 것이다. 일반 투자자들은 그냥 단순하게 그 기업의 실적이 좋다고 하면 그 내용이 현재의 주가에 선 반영이 되었는지 아닌지를 판단하지 않고, 최고점에 매수해서 오랜기간 마음 고생을 하는 경우가 많다.

주식 공부를 따로 할 필요가 없다고 생각하는 투자자들이 많지만, 실제로 돈을 버는 사람들은 과거의 데이터와 미래의 기업에 대한 공부를 하는 사람들이다.

TV를 보면 좋은 직장을 다니다가 주식 투자로 모든 것을 잃은 사람들의 이야기가 종종 들려온다. 좀 더 나은 경제활동을 위해 20년을 공부하고, 20년간 피땀 흘려 벌어온 돈을 너무 쉽게 날려 버린다면 그보다 안타까운 일은 없을 것이다.

좋은 대학에 가기 위해 열심히 공부했던 시간의 일부만이라도 주식 공부, 경제 공부에 투자한다면 주식은 좋은 재테크 수단이 될 수 있다.

필자는 '주식은 천재가 아닌 바보 기계가 돈을 번다'라는 말을 자주 한다. 과거 '만유인력의 법칙'을 만든 천재 과학자 뉴턴이 주식 투자에 실패하면서 남긴 말 '나는 천체의 움직임은 예측할 수 있어도 사람들의 광기는 예측할 수 없다'는 말에서 알 수 있듯이 주식 시장은 두뇌와는 큰 상관이 없다.

명석한 두뇌와 지식과는 별개로 바보 기계가 돈을 벌 수 있는 곳이 주식 시장이다. 물론 머리와 지식이 있는 투자자가 기계가 된다면 그야말로 천하무적이 될 것이다.

주식 투자에 있어서 아무리 많은 지식이 있다고 해도 자신의 계좌를 지키지 못한다면 그 많은 지식은 아무런 쓸모없는 지식이 된다.

팔아야 할 것을 알고, 사야 할 것을 알면서도 그것을 실행하지 못한다면,

결국 주식 투자에 실패하고 만다. 주식 시장은 철저하게 전략을 세우고 거기에 따라야 수익을 낼 수 있다. 여기에서 천재성을 발휘할 필요는 없다. 그냥 시스템이나 기계처럼 사야 할 때 사고, 팔아야 할 때 팔면 된다. 자신이 정한 매수, 매도의 선을 그어놓고 이탈하는 경우 매도를 하면 되는 것이다.

당신의 계좌에서 하락한 종목이 있다면 어떻게 할 것인가?
당신의 계좌에 하락한 종목이 있다면 당신 자신이 그렇게 되도록 몰고 간 것이 분명하다.
내가 1억을 가지고 균등하게 1,000만원씩 10종목을 매수했다고 가정했을 때, 주가가 오르면 적은 수익으로 매도하고, 하락한 종목은 본전이 될 때까지 기다린다면 결국 계좌에는 하락한 종목밖에 남는 게 없을 것이다.
10평의 땅에 씨앗을 뿌리고 싹이 나기 시작하면 자리기도 전에 수확하고 쭉정이는 교체하지 않고 그대로 둔다면 1년이 지난 시기에 10평의 땅에는 쭉정이밖에 남지 않는다.

주식 시장에서 큰돈을 벌고자 한다면 당장 눈앞에 보이는 작은 이익과 작은 손실에 민감하게 반응하지 않아야 한다. 마인드컨트롤이 먼저인 것이다. 장중 등락을 거듭하며 심하게 요동치는 주식 그래프를 냉철하게 바라보는 눈, 강심장을 가진 자만이 주식 시장에서 살아남는다.

역발상 투자로 성공한 데이비드 드레먼은 'Contrarian Investment Strate-gies: The Psychological Edge'라는 책을 통해 투자자들의 심리와 가치 투자의 중요성에 대해 강조하며 다음과 같은 명언을 남겼다.

"최악의 상황이야말로 최고의 수익을 얻는 절호의 기회이다."

당신이 필자가 알려주는 마법의 주식 투자 공식으로 주식 포트폴리오를 멋지게 구성해 놓는다면 당신이 원하는 때는 언제든 온다.

'주식 투자의 마법 공식'을 공개하는 필자의 바람은 하나다.
독자들이 이 책을 통해 주식을 매도해야 할 구간에서 매수하지 않고, 매수해야 할 구간에서 매도하지 않으며, 주식 시장에서 큰 수익의 기쁨을 맛보는 것이다.

건투를 빈다.